Pour Michael Pakenham
En très cordial hommage

Collection dirigée par Michel Zink et Michel Jarrety

PAUL VALÉRY

Alphabet

ÉDITION ÉTABLIE, PRÉSENTÉE ET ANNOTÉE
PAR MICHEL JARRETY

LE LIVRE DE POCHE
classique

Ancien élève de l'École normale supérieure, Michel Jarrety est professeur à l'Université de Picardie. Parmi d'autres ouvrages, il a consacré deux livres à Valéry dont il a par ailleurs édité deux petits textes philosophiques.

© Centre National de la Recherche Scientifique pour « Zénith ».
© Librairie Générale Française, 1999, pour la préface,
les notes et les annexes.

PRÉFACE

Comme d'autres œuvres de Valéry – l'*Introduction à la méthode de Léonard de Vinci* ou bien plus tard *Eupalinos* –, *Alphabet* est né d'une commande. Lorsqu'en 1924 l'éditeur René Hilsum, dans sa librairie de l'avenue Kléber, lui montre vingt-quatre lettrines qu'il vient d'acquérir, gravées par le peintre Louis Jou, de la conversation surgit bientôt l'idée de leur faire correspondre vingt-quatre poèmes en prose dont l'initiale fût chacune des lettres, le K et le W manquant, et Valéry se propose aussitôt d'y ordonner les vingt-quatre heures du jour. À la machine ou à la main, il ébauche rapidement plusieurs lettres, et bientôt – c'est une manière pour lui de *mettre en œuvre* le recueil – ouvre un cahier de couleur vieux rose sur lequel il a peint en noir le titre *ABC*, suivi de ses initiales : P.V. Pour la quasi-totalité des lettres, la page de droite accueille un état des poèmes – c'est souvent le premier vers la fin du cahier –, et sur la page de gauche se découvrent quelques notes éparses et des aquarelles. L'ensemble fait ensuite l'objet de reprises successives dont témoignent de nombreuses dactylographies, mais à la différence des poèmes en vers, le plus souvent écrits par fragments séparés

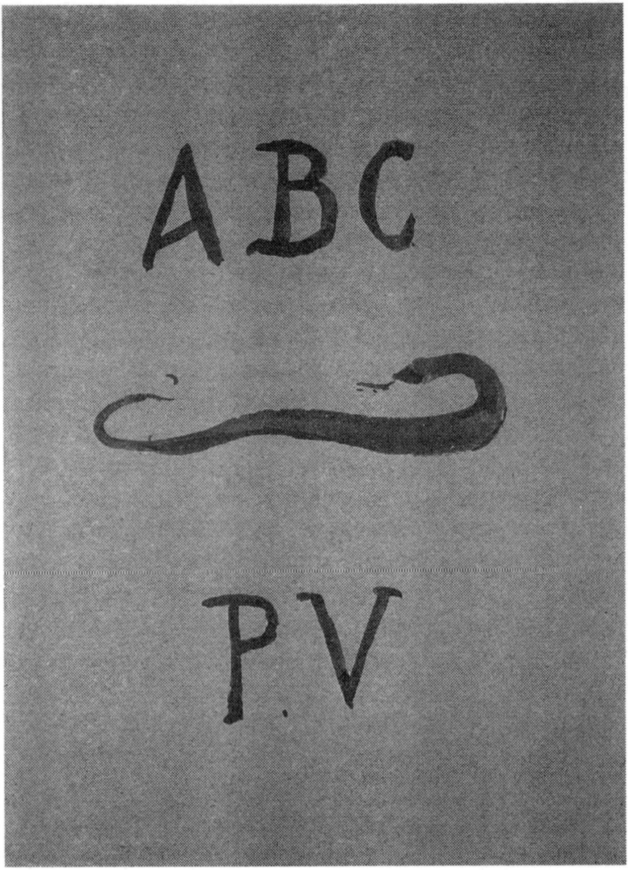
ABC
P.V

puis lentement rejointoyés dans la recherche de ce qui sera le sens du texte, c'est une écriture continue qui se découvre ici, et progresse assez vite par amplification. Certaines lettres trouvent rapidement leur forme ultime, d'autres au contraire – A et E, par exemple – sont retravaillées patiemment.

Le Cahier *ABC* ne scande que d'assez loin le cycle régulier des heures initialement prévu, et dessine simplement quelques moments majeurs : la division de l'être qui se regarde dormir, l'éveil longuement modulé, l'attente de l'Idée qui bientôt surgira, puis le repas de midi ; mais ce ne sont là que des poèmes déliés de toute consécution rigoureuse quand l'après-midi, au contraire, dès l'entrée en scène d'une figure féminine, se compose en une suite de moments affectifs et tendus vers l'union amoureuse accomplie à la lettre V, avant que le recueil ne se referme sur l'interrogation devant la nuit profonde. Ces premiers repères ne disparaîtront plus, mais une autre structure s'y ajoute bientôt puisque au cycle des heures se superpose discrètement celui des saisons : après des poèmes qui évoquent visiblement la chaleur de l'été – le bain de mer à la lettre D, l'éclat de la lumière méridienne à la lettre J – Valéry associe clairement à la lettre R l'automne dont la « haute tristesse » se lie à « la tendresse par la terreur affreuse », avant que l'observation des astres, à la lettre X, n'évoque possiblement l'hiver par le front appuyé à « la vitre glacée ». Ce qui se dessine ainsi en une succession de séquences qui accueillent, dans un espace où spontanément ressurgit la Méditerranée des années de jeunesse, la lumière et la mer, la transparence de l'air et la terre brûlante, la profondeur nocturne et l'éclat troublant des étoiles – ce qui se dessine ainsi, une note du dossier le résume : il s'agit d'une *cosmochronie*.

Spontanément envisagée par Valéry, la correspondance des heures et des lettres n'était pas une architecture de hasard ni une contrainte abstraite, mais le signe, bien plutôt, de l'intérêt depuis longtemps porté aux variations de l'Esprit et du Corps dont témoignent bien des pages des *Cahiers* quotidiennement tenus depuis 1894, et que la mort seule interrompra. Ces variations, d'une certaine manière, constituaient déjà la nervure de *La Jeune Parque*, et l'on ne peut donc être surpris qu'en septembre 1916, lorsqu'il se prépare justement à achever le poème qui paraîtra l'année suivante, il ait pu en projeter un autre, et toujours certainement en vers, dont le mouvement eût retracé toute « la psychophysiologie le long d'un jour », la « physionomie des heures successives » (C.VI.299)[1]. Structure cyclique qui offrait le bénéfice formel d'un livre fermé sur lui-même – et Valéry songera beaucoup plus tard, en 1943, que les vingt-quatre heures du jour pourraient aussi bien composer un roman (C.XXVII.364). La cosmochronie d'*Alphabet* certainement superpose cette variation et cet ordre, cette ouverture et cette clôture, mais d'une manière pourtant tout idéale ou comme l'horizon rêvé, si l'on veut, de quelque œuvre parfaite. S'y tenir au plus près aurait cependant contraint Valéry à restituer le cours entier du jour et de la nuit, donc à accueillir par exemple le rêve, l'un des

---

1. Ici comme plus loin dans les notes d'*Alphabet*, les références renvoient, pour les *Cahiers* aux 29 volumes de l'édition du C.N.R.S. (1957-1961), et pour les *Œuvres* aux deux volumes que Jean Hytier a procurés dans la Bibliothèque de la Pléiade (1957 et 1960).

états physiologiques qui, aussi bien que l'éveil, ont le plus souvent requis son intérêt et dont l'absence ici peut nous surprendre : or s'il semble avoir d'abord établi en X l'absolu de minuit où le total des choses s'annule à la vue des étoiles, si à la lettre Z une ébauche de plan mentionne l'endormissement, le recueil se referme, à une heure et demie de la nuit, sur un nouvel éveil.

La régulière scansion des heures appelait une seconde contrainte : non sans doute celle d'une narration, mais d'une suite en tout cas de moments où se compose *l'ordre du jour* – et l'on peut aisément supposer que Valéry, assuré que le temps vrai est celui de la sensation plutôt que d'une chronologie abstraite, dut percevoir comme un péril cet assujettissement. Il le déjoua très tôt en n'offrant que des présents successifs et largement dénoués les uns des autres, mais une tension dut rapidement se faire jour entre deux exigences adverses : celle de l'ordre qu'il s'imposait, et celle des thèmes et questions qu'il avait été tout spontanément porté à choisir comme sujets de ses poèmes, sans souci d'une continuité véritable.

Un partage s'était rapidement imposé : les premières heures – selon son propre témoignage[1] – devaient largement évoquer la matinée de travail qui cependant ne transparaît guère que par la « page attaquée d'écriture » à la première version de la lettre D (Œ.II.661 *sq.*) puis à la lettre G (p. 65), et l'après-midi développer l'échange amoureux. Mais tels qu'on les lira, les poèmes d'*Alphabet* déjouent largement cette contrainte : jusqu'à la lettre G, leur sujet quasiment exclusif est l'éveil du Corps, et surtout de l'Esprit tendu

---

1. Voir l'entretien reproduit p. 127.

vers l'imminence de son possible, et le recueil entier ne garde trace que d'une chronologie trop lâche pour que s'y ordonne la parfaite structure d'un cycle. Bien plutôt que des heures aisément repérables, ce sont des *phases* qui se découvrent ici – et le mot appartient au vocabulaire familier de Valéry –, c'est-à-dire des moments qui révèlent au plus près les *dispositions* présentes du sujet : des *états d'existence* qui composent le temps du recueil dans la sensation de durées diverses – celle du suspens en tels instants proches de l'extase, celle de la montée du désir et de l'attente amoureuse, celle de l'inquiétante étrangeté face à la lumière ou au ciel étoilé.

Lorsque *Commerce*, la revue de la princesse Bassiano qu'il dirige avec Fargue et Larbaud, publie les trois premières lettres à l'automne 1925, Valéry a sans doute l'ambition de mener à son terme *Alphabet* dont la revue annonce la parution prochaine aux Éditions du Sans Pareil dirigées par René Hilsum. Le volume n'est pas publié, mais le projet n'est pas oublié : Valéry écrit d'autres textes, ébauche quelques plans[1], et pour certaines lettres envisage de nouvelles versions. Parallèlement s'accumulent des notes diverses rapidement jetées sur le papier, plus rarement dactylographiées – ou bien encore inscrites dans les *Cahiers*. Souvent abstraites ou elliptiques, nombre d'entre elles sont placées sous le sigle *Alph. Ér.*, qui resserre le lien des poèmes à l'Éros, et consignent des réflexions sur l'échange amoureux tel qu'il envisage de l'écrire. Une chemise

---

1. Les plus complets d'entre eux sont reproduits en Annexe, p. 136-138.

recueille partiellement ces notes, sur laquelle Valéry a porté : *Érôs de l'Alphabet*[1].

L'évidence s'impose en effet qu'il s'est rapidement détourné du cycle contraignant des heures initialement prévu, et que si le projet a continué de le solliciter, c'est qu'il entendait y évoquer une relation affective qui n'est pas séparable de son expérience privée puisque l'essentiel d'*Alphabet* s'est écrit dans les années où Valéry fut intimement lié à Catherine Pozzi, rencontrée en 1920. De la lettre M à la lettre V, les poèmes gardent secrètement trace de sa présence, dans une alternance difficile de proximité convoitée et de distance douloureusement subie dont témoigne la très belle lettre O. La femme aimée, sans doute, écarte ici toute anecdote et il importe peu de donner à une figure qui désigne toute femme possible un nom réel qui doit être laissé à l'intimité de Valéry. Il demeure que le destin du texte s'est aussi joué là. Plusieurs notes – « Alphabet l'attente dans l'amour », « Alphabet de la tendresse » – inscrivent clairement l'Éros au cœur même du recueil et quand Valéry s'en éloigne en 1928, c'est la rupture avec Catherine Pozzi, n'en doutons pas, qui le fait se détourner d'un projet rabattu désormais sur son propre passé.

La lecture privée que lui-même pouvait faire de ces pages le retint longtemps d'y revenir – plus encore de les publier. Si en 1931 Valéry rouvre une première fois *Alphabet*, il n'y jette qu'un rapide regard, qui le conduit cependant à faire paraître quatre poèmes dans la *Revue de France* du 1er janvier 1932. Lorsqu'il y revient

---

1. On trouvera certaines de ces notes en Annexe, p. 140-142.

un peu plus longuement en 1935 – c'est à ce moment qu'il fait dactylographier presque toutes les lettres –, et de nouveau en 1937-1938, diverses retouches sont apportées aux textes, d'autres notes encore jetées sur le papier, d'autres versions écrites, et Valéry sans doute songe alors de nouveau à une publication puisque la maquette d'une édition de luxe que la guerre empêcha de paraître semble avoir été préparée en 1939[1]. Le dossier d'*Alphabet* offre ainsi un livre complet, mais cependant décalé et inachevé. Décalé, parce que les poèmes ne répondent que de très loin à la suite rigoureuse des vingt-quatre heures du jour initialement envisagée. Inachevé parce que l'inégal accomplissement du recueil eût sans doute fait de la publication de 1939 une facilité que se fût consentie Valéry. Car si de très nombreux textes manifestent la plus éclatante et souveraine maîtrise, quelques-uns, et qui demeuraient sans doute en deçà de sa propre attente, témoignent d'une facilité que la lassitude ou le désintérêt le retinrent de plus tard dominer.

La question de l'inachèvement d'*Alphabet* – seul recueil de poèmes en prose qu'ait jamais composé Valéry – est cependant plus complexe. D'un point de vue formel, en effet, la pente naturelle du poète, qui le fait toujours se défier du spontané de l'écriture – et l'infériorité de la prose est d'abord à ses yeux de ne pas offrir les contraintes immédiates du vers – le conduisit à souhaiter que ces poèmes fussent soumis à des lois de fonctionnement rigoureux. Quelques notes nous l'assurent, et la plus explicite d'entre elles

---

1. On trouvera en Annexe, p. 119-121, un historique plus détaillé du texte.

(reproduite ici p. 140) évoque ce que Valéry théorise dans les *Cahiers* sous le sigle C.E.M. et par quoi il désigne l'unité close et surtout singulière de ce qu'il a toujours perçu comme Mon Corps, Mon Esprit et Mon Monde – le possessif importe – qui composent, dans le macrocosme de l'univers, une manière de microcosme qui lui est propre : marque d'une insularité chez lui constante à laquelle, par son ambition de totalité close, la cosmochronie d'*Alphabet* ouvrait sans doute un champ d'application propice. Il se fût donc agi – souci constamment valéryen – d'assigner aux poèmes une *composition* formelle selon l'alternance régulière et variée de phases qui auraient successivement évoqué chacun des termes du C.E.M. Mais la difficulté même de *mettre en œuvre*, précisément, de telles lois abstraites fut sans doute ce qui conduisit pour une part Valéry à renoncer – comme il advint plus tard lorsqu'il assigna à «*Mon Faust*» d'irréalisables lois de fonctionnement théâtral.

Assurément, ces exigences formelles répondaient au désir toujours présent chez lui de construire une littérature écrite *contre* l'arbitraire de ce qui pourrait aussi bien prendre une autre forme, ou un autre *sens* : signification, certainement, mais orientation d'ensemble aussi bien. Ce refus si aigu de toute gratuité, et qui fonde pour une part sa critique du roman qui à chacun de ses moments pourrait selon lui devenir tout autre, devait naturellement ici se manifester et, pour contrecarrer tout arbitraire, l'initiale contrainte des vingt-quatre heures du jour n'était pas sans raison spontanément venue à l'esprit de Valéry. Mais dès lors qu'aucun thème ne s'imposait assez fortement pour gouverner tous les moments du cycle, dès lors que – tous les plans nous le montrent – il éprouvait une évidente difficulté à se prescrire, pour chacune des heures, un sujet *nécessaire*, il était difficilement évitable qu'il n'éprouvât pas rapidement un sentiment de contingence devant des poèmes dont le thème s'était très spontanément imposé, non en fonction d'un ordre prémédité – car les plans sont venus *après* –, mais des immédiates sollicitations de son imaginaire.

Quant au choix nécessaire entre les différentes versions écrites pour quelques-unes des lettres, tout porte à croire que Valéry ne s'y fût pas aisément résolu car une telle ouverture l'avait toujours séduit – parfois jusqu'à l'indécidable qui précisément déjouait l'arbitraire : n'avait-il pas offert dans l'*Album de vers anciens* deux états différents d'un poème : « Féerie » et « Même Féerie » ? Ce n'était dc sa part ni un jeu ni une coquetterie d'auteur, mais l'illustration simplement de ce sentiment des possibles que les « Fragments des mémoires d'un poème » expriment en 1937 : « Peut-être serait-il intéressant de faire *une fois* une œuvre qui montrerait à chacun de ses *nœuds*, la diversité qui s'y peut présenter à l'esprit, et parmi laquelle il *choisit* la suite unique qui sera donnée dans le texte. Ce serait là substituer à l'illusion d'une détermination unique et imitatrice du réel, celle du *possible-à-chaque-instant*, qui me semble plus véritable » (Œ.I.1467).

Inachevé, ou plutôt suspendu, *Alphabet* nous découvre donc les deux pôles entre lesquels s'est maintenue, chez Valéry, une tension souvent irrésolue : celui de la perfection close que dessine le cycle des heures, celui de la variation des possibles dont témoigne, pour certaines lettres, la présence de plusieurs versions. Il nous rappelle aussi que c'est le *faire* qui a toujours séduit l'écrivain, plutôt que l'œuvre faite. Cet inachèvement, cependant, les poèmes qu'on lira plus loin ne le laissent guère deviner. Un livre vraiment s'offre à nous, et qu'on dirait achevé si l'on ignorait l'histoire de ce recueil finalement trop complet, un livre aussi où se révèle plus visiblement sans doute qu'en ses autres œuvres ce que j'appellerai, comme lui-même parlait de Moi pur, *l'être pur* de Valéry, c'est-à-dire, hors de toute référence à la réalité sociale ou historique où il se trouvait pris, hors de toute mention d'un temps ou d'un lieu repérables, la présence d'un Esprit et d'un Corps face à soi et au Monde, face à l'Autre aussi bien, au plus près d'une sensualité comme d'une inquiétude où se révèle la profondeur existentielle que ces poèmes ne cessent pas de laisser affleurer. Si *Alphabet* découvre ainsi les états essentiels d'un sujet, une totalité s'y compose, qui demeure bien un cycle. Le tout d'un être en effet s'y rassemble, et peut-être s'y résume, mais dépouillé de traces biographiques, car Valéry s'affirme sans livrer ce qui n'est qu'à lui : à la différence de telles pages plus privées des *Cahiers*, *Alphabet* appelle la présence d'un lecteur. C'est ce qu'avait pressenti sa fille, Madame Agathe Rouart-Valéry, lorsqu'en 1976 elle décida de publier à la Librairie Auguste Blaizot une première édition du recueil, limitée à cent quatre-vingts exemplaires. Elle n'avait cependant alors proposé qu'une version de chaque lettre : on lira ici pour la première fois les autres.

Parler d'*être pur*, ce n'est pas seulement souligner que les états d'existence que s'attache à dire *Alphabet* accèdent au poétique par une écriture qui les esthétise, sinon tout à fait les sublime, de telle sorte que si l'empreinte du quotidien par exception marque certains poèmes, comme il advient par exemple lors des deux repas, c'est le sentiment d'une retombée, d'une haute tension soudain relâchée qu'on ne manque pas d'éprouver malgré le charme de ces pages. Un *Je* sans nom, sans déterminations – et en cela comparable à celui qui gouverne *La Jeune Parque* aussi bien que les poèmes de *Charmes* –, simplement s'exprime ce qu'il se sent être et penser : les fragments d'un autoportrait s'y composent – et deux aquarelles représentent justement Valéry dans le Cahier *ABC* –, mais autoportrait circonscrit à ce qui définit une manière singulière d'être au monde où le sensible constamment l'emporte – et ruine l'image convenue, et cependant si fausse, du poète de l'Intellect. Manière d'être qui s'éclaire alors au plus près de ce que les *Cahiers*, où de loin en loin l'écrivain s'analyse, nous ont appris à percevoir comme une forme de présence et d'absence – celle justement qu'évoque un fragment de 1921 : « Degas m'appelait l'Ange. K. [Catherine Pozzi] me définit : l'Absent » (C.VII.760).

Alphabet nous découvre en effet tour à tour cette double figure : celle d'un Corps et d'un Esprit purs, mais d'un être également séparé dans la division de son être propre, dans la distance inapaisée face à un Monde qui soudain paraît ne plus être le sien, dans l'éloignement de l'Autre, enfin, que la détresse accompagne. Tout commentaire ici resterait en deçà de ce que Valéry lui-même a écrit – s'est écrit de lui-même à lui-même par une sorte de coupure redoublée – et particulièrement en 1932 lorsque, évoquant de nouveau le surnom que Degas lui avait donné, il l'interprète au plus profond : « Il avait plus raison qu'il ne pouvait croire. Ange = Étrange, estrange = étranger... bizarrement à ce qui est, et à ce qu'il est... » (C.XV.812). Mais le motif de l'Ange est double : si assurément il affirme cette distance de soi à soi qui trouvera sa plus émouvante expression dans l'ultime poème en prose achevé dans les dernières semaines de 1945, *L'Ange*, précisément, qui figure celui qui se connaît et ne se comprend pas, il désigne aussi bien en retour, et comme pour effacer précisément toute séparation, la rêverie d'un Corps que l'Esprit oublie sans chercher à le dominer, comme faisait Monsieur Teste, par une trop intellectuelle maîtrise, la rêverie également d'un Esprit soudain libre de toute entrave, séparé du Corps et du Monde, et qui donne une enveloppe sensible à ce que Valéry n'a cessé, en termes abstraits, de définir comme le Moi pur. Or c'est cette présence successive de division douloureuse ou inquiète, d'euphorique fusion d'autre part, ou d'heureux détachement, qui faufile *Alphabet* et découvre au plus près les *états* valéryens. N'y voyons pas trop hâtivement une loi d'alternance qui imposerait au recueil un ordre que visiblement l'écrivain n'a pas prémédité. L'évidence s'impose néanmoins que cette distance et cette proximité parcourent tour à tour la plupart des poèmes et y composent les essentielles *dispositions* de l'être.

Face au monde, d'abord, c'est le bain de la lettre D qui dans la fusion, élémentaire et transparente, du corps et de l'eau offre un des plus précieux moments de sensualité, mais où le plaisir naît moins d'une heureuse sensation que d'une dissipation du corps devenu lui-même fluide, rendu à une pureté qui ne le distingue pas de l'eau qui l'accueille – et le nageur n'évoque pas sans raison ses « rêve[s] d'anges et d'algues ». Élémentaire fusion qu'on retrouve à la lettre G où le spectacle du jour semble appeler l'échange, et l'accès, mieux encore, à une même transparence dans le glissement des voix : « Mes paroles intérieures se taisent, le cèdent aux cris purs des oiseaux » (p. 63), avant que bien plus tard, dans la nuit sombre du dernier poème, s'élève un presque vœu de disparition ou d'intégration secrètement réfléchie dans l'extériorité qui se contemple – et c'est encore un univers liquide : « L'eau profonde du monde à cette heure est si calme, l'eau des choses-Esprit si transparente comme espace-temps pur ; point troublée que l'on devrait apercevoir Celui qui *rêve* tout ceci » [je souligne]. Un monde perméable s'est ouvert pour recevoir celui qui s'y confond.

A cette fusion rêvée où le Corps et l'Esprit semblent se dissoudre dans l'espace qui les accueille répond alors cette manière d'absence où s'affirme l'étrangeté valéryenne face au Monde qui le met à distance lorsque s'efface la certitude d'y appartenir tout à fait. Il n'est donc pas indifférent – c'est l'alternance que je disais – qu'après la lettre D et avant la lettre Z où l'union s'affirmait, une version de la lettre E (p. 59) et d'autre part la lettre X donnent à lire cette coupure taraudée de secrète inquiétude devant l'éclat du jour ou l'obscur de la nuit – deux moments symétriques du cycle. De l'être au monde, c'est le face-à-face tout à coup qui entraîne la différence qu'accompagne la *sortie* d'un espace en un autre. Ainsi lorsque le sujet, après l'heure paisible du repas, fait quelques pas sur la terrasse, à la lettre J, et s'avance «comme un *étranger*» [je souligne] dans une lumière à laquelle il n'appartient pas : «Ici tout ce qui brille et vibre n'est pas moi.» L'éclat du jour tout à coup fait écran selon le même dispositif qu'à la lettre E, devant la fenêtre ouverte qui sépare le dedans du dehors, «en présence de la lumière et toutefois hors d'elle» dans une différence que le poème tout entier module : «Je ne fais point partie de ce qui est éclairé par le soleil.» La même distance, enfin, se découvre à la lettre X où, plus clairement encore que la fenêtre, c'est la vitre glacée qui matérialise la séparation face à l'étoile lointaine, marquée d'un chiffre énigmatique : «X nom du secret, appellation de la chose inconnue, je te vois inscrit dans les cieux».

Point de surprise alors si la division de l'être, dans les trois poèmes, donne à comprendre que l'inquiétude suppose la *réflexion*. Sur la terrasse – quand le sujet y fait un *autre pas* –, c'est l'étrangeté du monde qui appelle celle de l'être lui-même face à soi : «Quoi de plus étranger que celui qui se sent voir ce qu'il voit?» De la même manière, face à la lumière qui baigne et pénètre la fenêtre ouverte à la lettre E, la distance entraîne la séparation intérieure de l'Esprit, mais aussi celle du Corps dont la main se découvre, étrangère elle-même au regard : «Mon esprit pense à mon esprit et mes yeux considèrent ma main.» Et devant la vitre fermée sur la nuit, tout à coup «la question du savoir et du non savoir me semble suspendue éternellement devant mon

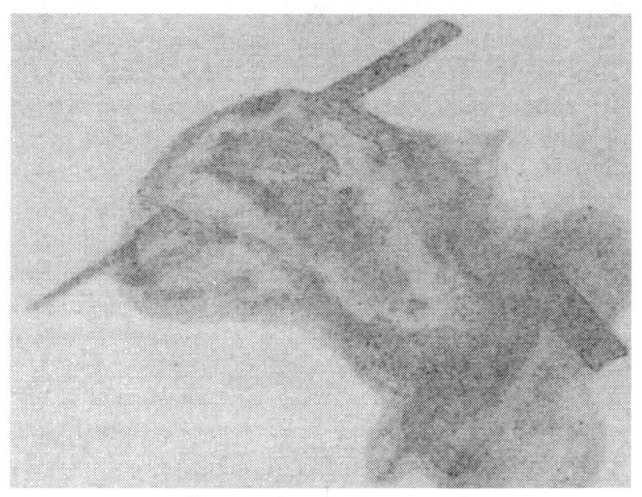

*« Mon esprit pense à mon esprit
et mes yeux considèrent ma main. »*
Aquarelle du Cahier *ABC*.

silence, et une sorte d'équilibre stationnaire entre l'homme et l'esprit de l'homme s'établir ».

Cette étrangeté est tout existentielle, mais elle revêt aussi sans doute – la question du savoir vient de le dire – une mesure plus intellectuelle qu'un des plans nous laisse pressentir puisque en face de l'X Valéry a porté : « Métaphysique ». Le mot ne doit pas abuser. Rien d'abstrait ne s'écrit ici. Bien plutôt se déploie, en contrepoint de la sensation d'être pur accident face à un monde dont l'étonnement est qu'il soit tel quand il pourrait être tout autre, l'un des thèmes philosophiques du dernier Valéry pour qui le véritable modèle d'intelligence serait « la représentation, d'un seul tenant, de toutes choses pour un individu donné » (C.VIII.456). On conçoit alors mieux que l'inquiétude superpose, comme ici à la lettre Y, le sentiment d'une possible inappartenance à un dehors lointain, mais aussi l'assurance plus intellectuelle que ce monde, constitué en un Tout séparé, puisse précisément échapper, au plus près de l'étymologie, à toute forme de *compréhension* : « Y a-t-il en moi, est-il possible que je trouve, ô ma vertu de penser, par ton acte inconnu et imperceptible, quelque échange entre ce ciel tout ensemencé de petits corps lumineux et mon instant et ma présence et ce reste d'amour qui est sur moi ? »

Face à soi, c'est la même alternance de fusion et de division qui se découvre – et d'abord par le thème du regard. Lorsqu'en 1891 Valéry intitule « Narcisse parle » l'un des premiers poèmes plus tard repris dans l'*Album de vers anciens*, il ne s'agit nullement de renouveler un thème littéraire convenu, mais au contraire de donner une figure et un nom, qui reviendront dans la *Cantate du Narcisse* et dans les « Fragments du Narcisse » de *Charmes*, à une constante coupure de soi à soi. Cet écart narcissique qui dit à la fois la distance de l'Être au Connaître, de la Partie au Tout, et de l'Esprit au Corps, l'œuvre entière le révèle de part en part. Je me contenterai d'évoquer ici Monsieur Teste qui après avoir choisi de soumettre son corps à la domination de son esprit, et échoué face à la douleur qui annule une si totale maîtrise, affirme à la fin de *La Soirée* : « Je suis étant, et me voyant ; me voyant me voir, et ainsi de suite... » – formule reprise par *La Jeune Parque* tout entière elle aussi travaillée par la division : « Je me voyais me voir » (v. 35). Dans ce dédoublement, ce n'est pas seulement une faille intérieure de l'être qui se découvre chez Valéry, mais aussi bien la surprise toujours reconduite d'être tel, présent dans *ce* corps si contingent qu'il s'éloigne parfois de lui – observons ces mains si souvent dessinées ou peintes, mais comme coupées et soudain placées à distance, siennes sans doute mais aussi bien non siennes – dans un sentiment d'extranéité qui n'est pas différent de celui qu'il éprouve face au monde. Ce que résume la question – goguenarde ou narquoise – qui referme *Alphabet* : « A quoi riment Toi et Moi ? »

On ne saurait donc s'étonner que, dès l'ouverture du recueil, quand l'Esprit regarde son Corps endormi, une voix se parle comme Narcisse parle et affirme la distance, composée de présence et d'absence : « Je me penche sur toi qui es moi, et il n'y a point d'échanges entre nous » – avant que la renaissance au jour, à la fin du poème, ne rassemble le sujet dans l'union retrouvée et de l'un et de l'autre. Or si le même mouvement se découvre à la lettre C, c'est dans une structure cette fois inversée – où la division succède à l'union. Après l'intime fusion de l'être et du monde dans l'extase du jour qui se lève et emplit la fenêtre ouverte – l'âme alors « se sent ange fait de lumière » comme l'Esprit tout à l'heure assurait à son Corps : « Je suis ton émanation et ton ange » –, la montée des larmes, au souvenir d'anciennes tristesses, dit la coupure soudainement ouverte de soi à soi : « Ma jeunesse a vu ce même matin, et je me vois à côté de ma jeunesse... Divisé, comment prier ? » En dernière instance, on le devine, c'est bien la question de l'identité qui se trouve posée et reconduite de loin en loin dans l'œuvre entière.

Cette distance creusée de soi à soi peut alors prendre la forme d'une manière d'extase, d'une sortie du sujet *au-dessus* de lui-même, dans le surplomb d'un instant qui n'est pas désigné sans raison comme «balcon du temps». La lettre J composait tout à l'heure deux moments d'étrangeté face au monde – le premier pas sur la terrasse –, puis face à soi – et c'était l'autre pas. Selon un protocole voisin, le premier écart éprouvé devant le monde, à la lettre E, se redouble d'une division d'avec soi – celle du regard d'abord, puis de l'Esprit lui-même : «Je me ressens et je me vois [...]. Mon esprit pense à mon esprit». Mais, entre le dehors du monde et le dedans de l'être, la séparation vient dans le même temps composer une manière d'équivalence qui permet de lire également ce poème dans la perspective ouverte par les réflexions que Valéry n'a cessé de conduire sur le Moi pur et qui l'ont amené, vers la fin de sa vie, à l'imaginaire d'un Moi qui, précisément libéré de son Corps et du Monde, se fût détruit mais cependant transfiguré dans une manière d'assomption. Or cette rêverie qui donnera plus tard tout son sens à la seconde partie de «*Mon Faust*», «Le Solitaire», trouve ici une manière d'anticipation puisqu'en présence d'un Corps et d'un Monde non détruits, mais seulement purifiés, c'est cette élévation souveraine qui déjà se découvre à la lettre E : «Dans un état de possession si concentrée, plus générale que la vie qui la supporte, mon âme édifiée au-dessus des êtres et des idées par les vertus du corps reposé, se sent égale en existence à tout ce monde visible et possible [...]» (p. 59).

Face à la présence féminine, enfin, qui pour l'essentiel gouverne la seconde partie d'*Alphabet*, si le *Je* éprouve tour à tour la détresse de la distance et l'attente de la fusion, c'est qu'elles définissent ici toute une difficile dialectique amoureuse. A la lettre M, Valéry a noté sur l'un de ses plans : « Entrée de l'Autre ». C'est à tort, cependant, que l'on interpréterait pareille mention comme le signe d'une altérité radicale ou d'une différence irréductible, car cette Autre est l'autre soi-même. Valéry voyait en Catherine Pozzi sa Pareille et l'accomplissement amoureux se laisse ici rêver sous la forme, non de l'échange simplement, mais de l'union totalement accomplie de deux êtres en un seul. Que l'Autre soit possiblement le Même, ou doive tendre à le devenir, une note du dossier le donne anecdotiquement à penser, où Valéry – étrangement d'ailleurs, dans un recueil si éloigné de tout réalisme – envisage un moment de faire son propre portrait, mais afin de donner à la femme ces traits qui précisément sont les siens. Plus profondément, cependant, ce sont les poèmes eux-mêmes qui, par les nombreux signes d'une proximité jumelle, semblent identifier la relation du *Je* et de l'Autre à celle même que ce *Je* entretenait avec soi dans les lettres précédentes : « Car deux âmes divisées se mouvaient séparément vers leur ressemblance ; car chacune se tourmentait à cause de l'éloignement intérieur de son autre même [...] » (p. 89).

Le dialogue qui s'ouvre entre eux renouvelle simplement et extériorise le dialogue intérieur, mais aussi le retrouve – « la voix de l'un parle dans l'autre » (p. 94) – et le regard, si narcissique, nous l'avons vu, est la médiation par laquelle l'un et l'autre se devinent dans la réciprocité où s'efface la détresse : « Il suffit alors aux vivants qui s'étaient cru éternellement séparés d'une rencontre de leurs yeux pour qu'ils se trouvent tout à coup dans l'âme l'un de l'autre » (p. 93). L'accomplissement rêvé ne saurait être alors autre chose que le glissement d'une double existence à l'intimité refermée d'une seule – cela même que laisse deviner la phrase qui referme la lettre R, dans un mouvement de constriction douce où la distance s'efface – et c'est le vœu de cet être unique où le Même et l'Autre, enfin, se trouveraient confondus dans une unité close et protégée, comme pour éteindre l'angoisse que le poème laissait percer, et la terreur même qu'il disait : « C'est pourquoi il faut se prendre dans les bras l'un de l'autre, et les paupières fortement fermées, étreindre *une* chose vivante, et se cacher dans *une* existence » [je souligne].

A la séparation des âmes dans la proximité des corps succède ainsi leur rapprochement qui annonce la complète fusion des êtres, corps et âmes, *corps et cœurs* dit une note – et cette modulation des états amoureux, dont la trame discrètement narrative se découvre dans l'acrimonie voilée de la conversation, dans la promenade commune et douloureusement divisée, dans l'attente du baiser et la lente montée du désir, se compose parallèlement à la modulation des états singuliers éprouvés par le *Je* lui-même – face à soi. Sur le même plan pourtant où Valéry avait inscrit à la lettre M : « Entrée de l'Autre », la lettre N mentionne : « Différence et différend ». Et une note précise en 1928 : « Amour. Impossibilité des échanges du Tout avec le Tout » alors que la lettre V, antérieurement écrite, voyait pleinement s'accomplir la fusion amoureuse. Ce que laisse deviner cette tension, c'est bien l'irrésolution de Valéry quant au sens à donner à cette fin du recueil dès lors que l'aléa de son expérience privée devenait celui même du livre qu'il *désorientait*. Incertitude qui se retrouvera bien plus tard au moment de « *Mon Faust* », lorsqu'il hésitera entre deux fins possibles qui auraient conduit Faust à repousser l'amour, ou à l'accepter au contraire dans la fusion, ici encore, et du Même et de l'Autre sublimés en un Moi rassemblé. Et lorsqu'en 1935 Valéry esquisse son dernier plan, s'il mentionne bien *amour* en regard des poèmes de l'après-midi, c'est avec un point d'interrogation.

J'ai parlé de l'intime. S'il fallait désigner l'essentielle différence qui dans l'œuvre de Valéry met à distance poèmes en prose et poèmes en vers, c'est précisément que la prose accueille souvent ce qui l'affecte au plus profond – et que ne révèle jamais la poésie en vers qui tout à l'inverse le refoule derrière l'éclatante protection de la forme. Les poèmes en prose des *Cahiers*, avec lesquels ceux d'*Alphabet*, souvent, entrent en si proche résonance, nous en apportent la preuve de loin en loin lorsque quelques événements majeurs s'y transposent : non point ceux qui scandent l'existence, mais tout au contraire la bouleversent. On comprend mieux alors que si Valéry entend faire du poème en vers une réalité seconde, tout autonome et séparée, qui congédie le monde pour un moment s'y substituer comme un autre univers, le poème en prose au contraire s'attache largement à donner du réel perçu une sorte d'équivalent, comme s'il fallait y écrire le sensible au plus près de ce qu'il est. Or une telle transposition, Valéry n'a cessé d'en ressentir la difficulté où se découvre d'abord toute l'insuffisance d'un langage qui, pour telles sensations, n'offre pas de mots adéquats. Et si, à la différence de ce qui advenait pour le vers, l'écrivain n'a jamais défini la *poétique* de ce mode d'écriture, tout porte à croire pourtant qu'il y recherchait d'abord le plus pur passage du réel au texte.

C'est ce que donne à comprendre, dans un *Cahier* de 1927, l'époque même où s'écrit l'essentiel d'*Alphabet*, un fragment lié à l'aube : « Comme je sens à cette heure – – la *profondeur de l'apparence* (je ne sais l'exprimer) et c'est ceci qui est *poésie*. Quel étonnement muet que tout soit et que moi je sois ! Ce que l'on voit prend alors valeur symbolique du total des choses » (C.XII.190). Ce qui se découvre ici, ce n'est pas simplement l'insuffisance propre au langage que je viens d'évoquer – *je ne sais l'exprimer* – ni l'*étonnement* dont j'ai tenté de montrer qu'il traverse aussi bien *Alphabet* : c'est aussi le *total des choses* qui contresigne une fois encore toute la clôture d'un Corps, d'un Esprit et d'un Monde, et nous laisse deviner que l'unité formelle du texte tient au désir d'y restituer l'unité d'un moment refermé – « diamant du Temps » dit une version de la lettre E (Œ.I.351) – où c'est un état complet du sujet qu'il s'agit d'inscrire.

Les poèmes d'*Alphabet* certainement sont irréductibles à un seul modèle – et quelques-uns d'entre eux, signe peut-être d'inaccomplissement, ressortissent plutôt à une prose poétique dont le *legato* reste lâche ou dont le fil discrètement narratif, de la lettre M à la lettre V, est peut-être un obstacle à une forme parfaitement close. Ce qui définit néanmoins la presque totalité d'entre eux et fonde dans le même temps leur profonde cohérence – d'une exposition à une sorte de résolution finale (ou de suspens interrogatif) –, c'est la spontanéité appelée par l'instant, conservée et comme prolongée par les reprises successives des différents états du texte. Ce que le vers pouvait offrir de hiératiquement dominé, parfois même d'étroitement corseté, le poème en prose s'en libère par une cadence plus ample. Le même lyrisme pourtant se découvre souvent dans l'une et l'autre forme, et la plus hâtive lecture des poèmes d'*Alphabet* montre bien qu'ils doivent tout à la voix qui pour Valéry dit toujours l'être vrai de chacun : son tracé en épouse toute la vibration émotive, et l'on ne cesse de percevoir ici que c'est elle qui gouverne le texte. Elle le suscite assurément par l'énonciation toujours singulière d'un *Je*, mais aussi le structure dans la dynamique du dialogue ou de l'adresse au monde – « Fais ce que tu voudras, bel Instant ! », « X nom du secret, je te vois inscrit dans les cieux » –, dans le rassemblement, enfin, plus apaisé du monologue.

Le *tempo* n'est alors jamais identique et du soulèvement lyrique de la lettre B par exemple, à l'alentissement de la détresse retenue à la lettre O, ou de la tendresse naissante à la lettre V, sa variation de poème en poème cherche à dire les dispositions du sujet que modulent le phrasé, les inflexions, les rythmes et les coupes, les exclamations enfin, et les apostrophes. Valéry en effet a tenté une composition musicale – et qui fût différente de ce que la régularité du vers autorisait. Qu'on relise justement l'admirable poème de la lettre O : « Or il y eut pendant quelque temps dans le jardin, et pendant la durée infinie de la vie d'une douleur, il y eut comme un abîme mouvant, allant, errant et s'arrêtant sur la figure ordonnée et odorante de ce jardin. Sur la terre grise et rose, sur les ombres et les lumières, parmi les touffes, entre les arbres et les arbustes des allées, un abîme se déplaçait comme l'ombre d'un nuage. Un esprit l'avait aperçu, les yeux ne le voyant pas. Il y avait comme un abîme entre deux pensées qui étaient presque la même ; et des deux côtés de l'abîme une même peine, ou presque la même. » Ici, mais le même travail se retrouve en bien d'autres pages, c'est la scansion de termes récurrents, mais aussi de sonorités de loin en loin jumelles, qui compose la lente variation douloureuse d'un même thème.

Le regard bien sûr n'est pas congédié – on a vu qu'il traverse *Alphabet* de part en part –, mais il écarte à chaque instant les facilités de la description dont Valéry s'est toujours assuré qu'elle est incompatible avec la voix : la première en effet totalise, généralise ce que n'importe qui peut identiquement regarder, quand la seconde, tout à l'inverse, singularise. Or précisément rien ici ne cherche à donner à voir la totalité de ce qui pourrait être vu : « De l'horizon fumé et doré, la mer peu à peu se démêle ; et des montagnes rougissantes, des cieux doux et déserts, de la confusion des feuillages, des murs, des toits et des vapeurs, et de ce monde enfin qui se réchauffe et se résume d'un regard, golfe, campagne, aurore, feux charmants, mes yeux à regret se retirent et redeviennent les esclaves de la table » (Œ.II.661). Ce qui retient ici le texte de faire tableau, c'est précisément la mobilité d'un regard qui compose pour soi-même ce qu'il choisit lacunairement de retenir et de se dire – et qu'il livre comme sien. La voix forme en univers singulier ce qui affecte au plus près le sujet : enchaînement de sensations que le poème restitue mais aussi bien module dans le suspens, l'extase, l'accélération de l'attente, ou à l'inverse la durée soudainement opaque. Mais c'est toujours la variation de la sensibilité appelée par l'instant qui assure le présent du poème et d'une certaine manière l'authentifie, et l'on ne peut donc s'étonner qu'une situation identique – le spectacle du monde par la fenêtre ouverte, par exemple – puisse tout aussi bien signifier l'étonnement de l'écart que l'euphorique absorption dans l'espace : tout entier présent en chacun de ces moments divers, Valéry multiplie ses figures, qui ne se superposent pas et révèlent les tensions adverses de son être.

Chaque poème compose donc sa totalité. Une manière de *drame* ? N'écartons pas ici tout à fait l'acception théâtrale s'il est vrai que certains de ces textes semblent dresser une possible scène, mais qui une fois encore doit tout à l'action de celui qui parle. La lettre J – « Je fais un pas sur la terrasse... J'entre en scène dans mon regard » – ouvre une sorte de monologue, d'autres pages se composent en dialogue, d'autres encore dramatisent, justement, la relation de l'être au monde ou à l'Autre. Mais s'il y a pertinence à parler de drame, c'est lorsqu'il s'agit surtout de qualifier les poèmes d'*Alphabet* où Valéry évoque l'activité close de l'Esprit, à la lettre E (Œ.II.662), à la lettre G (p. 65), à la lettre M (p. 79). L'évidence s'impose alors d'un théâtre intérieur, celui même que dressent aussi bien d'autres textes, que l'on songe à la prose abstraite de *Note et Digression*, ou bien à la prose au contraire poétique d'*Agathe*, petit conte inachevé où, à l'issue d'un sommeil cataleptique, une femme raconte ce qu'elle a rêvé

(Œ.II.1388 *sqq.*). C'est la poésie de la pensée qui s'exprime alors, où la modulation même et le surgissement des idées nous rappellent ce que Valéry, en 1937, affirme très clairement dans le « Descartes » de *Variété* : « La vie de l'intelligence constitue un univers lyrique incomparable, un drame complet » (Œ.I.796).

Lorsqu'en 1932 il publie dans la *Revue de France* quatre poèmes d'*Alphabet*, mais déliés cette fois du recueil et qui ne composent aucune suite, il les rassemble sous le titre de *Petits Poèmes Abstraits* – que les *Cahiers* résument sous le sigle de *P.P.A.* – et qui définit l'un des modes d'écriture des poèmes en prose qu'ils accueillent : ceux où Valéry, en effet, cherche à transposer l'abstraction de l'intellect. Un tel titre pourtant ne doit pas abuser. Dans les *Cahiers* eux-mêmes il désigne des textes souvent très divers, et des quatre poèmes qu'il rassemble en 1932 – les lettres E (Œ.I.351), M (p. 79), J (p. 73) et R – seuls les deux premiers allégorisent l'activité de l'Esprit, puisque la lettre J – « Je fais un pas sur la terrasse » – et plus encore la lettre R – « Revenons... L'or se meurt » – par la présence sensible du monde extérieur puis l'évocation de la triste tendresse amoureuse s'en écartent largement. Mais si le titre ne doit pas abuser, c'est aussi bien que de tels poèmes n'ont d'abstrait que leur sujet supposé : leur écriture, tout au contraire – et c'est pour une part son défi –, doit ouvrir à une forme pleinement poétique, et qui sache restituer au plus près ce que Valéry éprouve comme le lyrisme de l'intellect, la « mélodie des associations d'idées » – ou encore, pour l'Esprit qui s'éveille à lui-même, la sensation pure du possible et l'ivresse qui s'attache à une potentialité sans limite, thème central des lettres E et F.

De tels textes ne contresignent pas simplement, une fois encore, la séparation – mieux encore l'insularité – de l'Esprit dans le double congé qui s'y lit, face au Corps et au Monde. Ils nous montrent également que si le poème en prose cherche souvent à *écrire* la perception la plus sensible du monde extérieur, c'est bien encore une perception, mais cette fois tout intérieure, qu'il s'agit de transposer ici. Le dedans de l'Esprit et le dehors du Monde : autre signe d'étonnement si l'on en croit, dans les *Histoires brisées*, la question qui referme le «Journal d'Emma» : «Mais quoi de plus étrange aussi qu'il y ait un Dedans et un Dehors ?» (Œ.II.429). Deux univers se composent ainsi et alternent dans *Alphabet*, comme dans *La Jeune Parque* et dans *Charmes* qui ne cessent d'en construire également le passage ou l'échange, et cette proximité avec les grandes pièces en vers – mais aussi avec tant de pages des *Cahiers* – est ce qui doit nous retenir d'établir *Alphabet* à la marge de l'œuvre. Non seulement le recueil en rassemble et en redéploie les questions et les thèmes majeurs, mais il nous impose également désormais de porter un regard plus patient sur les poèmes en prose de Valéry qui, des années de jeunesse aux derniers jours, s'écrivent avec une constance et une hauteur qui interdisent d'y voir les laissés-pour-compte du vers, ou l'essai simplement d'une forme seconde – je veux dire qui viendrait *après*. Il se peut bien que Valéry ne l'ait pas théorisé. Il se peut que dans la réserve d'abord de l'espace privé des *Cahiers*, puis dans la dispersion trop souvent de publications éclatées ou d'ensembles peu concertés

– sous le titre de *Poésie brute* dans *Mélange* et de *Poésie perdue* dans *Tel Quel* –, il ne leur ait pas ménagé la place qui les eût rapidement imposés à nos yeux comme un mode majeur d'écriture : ce qui se compose néanmoins grâce à eux, on ne peut en douter, c'est bien l'autre versant poétique de l'œuvre – à maints égards adverse et cependant jumeau.

Michel JARRETY

Toute ma reconnaissance va naturellement à Madame Agathe Rouart-Valéry, très attachée à ces poèmes si longtemps conservés chez elle et qu'elle a eu la gentillesse de me laisser publier – ainsi qu'à Monsieur François Valéry et Madame Judith Robinson-Valéry.

NOTE SUR L'ÉTABLISSEMENT DU TEXTE

Outre le Cahier *ABC*, le dossier de la Bibliothèque nationale comprend tous les états, souvent nombreux mais parfois très voisins, des différentes versions de chaque lettre, et l'étude du dossier montre bien que si le recueil n'est pas à proprement dire achevé, on dispose pour chaque lettre de poèmes complets. Ils ont été cependant inégalement revus, et j'ai dû distinguer quatre situations différentes :

– Lorsque les poèmes ont été publiés, c'est naturellement cet état du texte qui a été repris puisque Valéry ne l'a pas retouché.

– Lorsqu'on dispose de la dactylographie établie en 1935 par Lucienne Julien-Cain, elle peut être considérée comme l'ultime état qu'il convient de retenir : Valéry d'ailleurs l'a parfois légèrement corrigé. S'il arrive que la dactylographie n'ait pas été achevée (c'est le cas de la lettre M : « Madame »), je complète en reprenant l'état immédiatement antérieur du texte.

– La situation est plus compliquée lorsqu'il n'existe pas de dactylographie Julien-Cain. Dans la plupart des cas, l'ultime état du texte est assez facile à identifier. Il arrive cependant que plusieurs copies ne présentent que de menus écarts, Valéry ayant apporté de légères corrections différentes à plusieurs dactylographies identiques qu'il avait lui-même établies. Dans ce cas, je reprends la plus achevée d'entre elles, sans donner les variantes de détail qui alourdiraient la lecture du texte sans vraiment l'enrichir.

– Restent les très rares poèmes que Valéry a corrigés sans mettre de copie au net, ou pour lesquels nous ne disposons que d'une seule dactylographie dont tout porte à croire qu'elle est l'unique état du texte. Ces pages n'ayant pas été relues, j'ai corrigé les menues incohérences que leur reproduction parfaite eût entraînées.

J'ai naturellement respecté la ponctuation de Valéry, sauf dans les cas où l'omission d'une virgule, par exemple, risquait d'entraver la lecture, et harmonisé les points de suspension qu'il limite d'ordinaire à deux. Quand le texte, par exception, porte en interligne un mot ajouté sans que celui qu'il remplace ait été raturé, je l'ai mentionné entre deux barres obliques : //. Quand Valéry ajoute, parfois entre les lignes, parfois en marge, quelques mots ou une phrase qui ne sont pas une variante et qu'on ne peut syntaxiquement intégrer, je les signale en note. Afin de ne pas entraver la lecture, j'ai délibérément omis de rares ajouts énigmatiques ou inachevés.

Restait à déterminer l'ordre de publication des différentes versions d'une même lettre. Les plans de Valéry n'étant à cet égard d'aucun secours, et l'ensemble des poèmes ne composant aucune continuité qui imposât un ordre unique, le plus légitime m'a semblé de faire figurer d'abord la version issue du Cahier *ABC*, et de classer les autres versions selon la chronologie supposée de leur rédaction dont on trouvera le détail p. 122.

Je n'ai dérogé à cette règle que pour la lettre M («Madame...») qui devait nécessairement figurer juste avant la lettre N («Non, dit-elle...») qui en est la suite évidente.

Faute d'avoir obtenu des Éditions Gallimard l'autorisation de les reproduire, je n'ai pas repris ici quatre poèmes qui appartiennent à *Alphabet* mais que Valéry a distraits du dossier pour les publier dans divers recueils :
– «De l'horizon fumé et doré...» Cette version de la lettre D, que Valéry publia en 1927 sous le titre de «Reprise I» à la fin de la section *Poésie perdue* des *Autres Rhumbs* intégrés au second volume de *Tel Quel* en 1943 (Œ.II.661 *sq.*), suit d'assez près le Cahier *ABC*.
– «Est-il espoir plus pur...» Cette version de la lettre E a été publiée sous le titre «Avant toute chose» dans la *Revue de France* du 1ᵉʳ janvier 1932, où elle ouvre une série de quatre *Petits Poèmes Abstraits*, puis reprise dans *Mélange* en 1939 où elle constitue la première partie de «Méditation avant pensée» dans la section *Poésie brute* (Œ.I.351). Voir le commentaire qu'en donne ici Valéry p. 127.
– «Esprit, Attente pure, Éternel suspens...» Ce poème dont un état antérieur appartient au Cahier *ABC* fut publié en 1927, sous le titre de «Reprise II», à la fin de la section *Poésie perdue* des *Autres Rhumbs* intégrés au second volume de *Tel Quel* en 1943 (Œ.II.662). Un fragment d'un *Cahier* de 1923 est très proche de ce début : «Mon esprit est une épée nue dans les ténèbres./ Il perce l'ami et l'ennemi./ Elle me tue comme les autres. Ce que je fus, ce que je puis être/ sont victimes de cette pointe /extrémité/ de la

connaissance sans égards./ Ma vérité ne connaît personne. Rien n'est visible. L'épée bondit/ et fourrage. Aveugle est l'éclair » (C.IX.219).

– « Laure dès l'aube est avec moi... » Ce poème fut écrit pour un « Alphabet galant et sentimental », *D'Ariane à Zoé*, composé par 26 écrivains et artistes, et publié par la Librairie de France en 1930. Il fut repris dans une série de *Trois portraits* (les deux autres étant signés de Colette et Morand) qui parurent dans la *N.R.F.* du 1er janvier 1931, puis dans *Mauvaises Pensées et autres* en 1942 (Œ.II.857). Le dossier ne comprend qu'une dactylographie du texte qui porte en titre « Laure » et en bas de page la signature « Paul Valéry ». Mais en haut à droite, la lettre L portée au crayon rouge indique bien que l'écrivain envisagea de l'intégrer à *Alphabet*, bien que la référence à l'aube déroute la chronologie. Cette rêverie tout intérieure, aimantée par la femme absente, à laquelle s'abandonne le sujet penché sur un « pur feuillet » trouve une manière de répondant dans l'attraction sensuelle qu'exerce la femme tout au contraire présente – il le sait d'une « certitude de rêve » – derrière l'homme qui lit (lettre T, p. 103). Le même prénom revient dans un bref poème en vers de *Mélange*, « La Distraite », qui serait éloigné de celui-ci si la tendresse et le regard ne les rapprochaient : « Laure, très beau regard qui ne regarde pas » (Œ.I.323).

Je remercie très vivement Mme Florence de Lussy, Conservateur des manuscrits de la Bibliothèque nationale, qui, en cette occasion encore, m'a très amicalement et généreusement apporté son concours.

M.J.

ALPHABET

Valéry en 1924.

HISTOIRE DE CET ALPHABET ILLUSTRÉ[1]

IL Y A QUELQUES ANNÉES, il me fut demandé d'écrire VINGT-QUATRE pièces de prose (ou de vers variés) dont le PREMIER MOT dût, en chacune, commencer par l'une des lettres de l'ALPHABET. ALPHABET INCOMPLET ? OUI. C'est qu'il s'agissait d'employer vingt-quatre LETTRES ORNÉES gravées sur bois, que l'on souhaitait de publier avec le concours de quelque LITTÉRATURE – prétexte et cause apparente de l'ALBUM conçu. CES CONDITIONS NE ME FONT PAS HORREUR. Le GRAVEUR avait omis deux lettres, les plus embarrassantes et d'ailleurs les plus rares en Français : le K et le W. RESTENT XXIV caractères. L'IDÉE me vint d'ajuster ces XXIV pièces à faire aux XXIV heures de la journée ; à chacune desquelles on peut assez aisément faire correspondre un état et une occupation ou une disposition de l'âme différente ; parti pris fort simple.

---

1. Ce texte figure dans une chemise qui porte *Préface etc.* de la main de Valéry. Dactylographié par lui-même en rouge et en noir, il est orné en haut et en bas d'une sorte de frise composée grâce à différents signes et lettres parfois superposés.

*A*u commencement sera le Sommeil[1]. Animal profondément endormi ; tiède et tranquille masse mystérieusement isolée ; arche close de vie qui transportes vers le jour mon histoire et mes chances, tu m'ignores, tu me conserves, tu es ma permanence inexprimable ; ton trésor est mon secret. Silence, mon silence ! Absence, mon absence, ô ma forme fermée, je laisse toute pensée pour te contempler de tout mon cœur. Tu t'es fait une île de temps, tu es un temps qui s'est détaché de l'énorme Temps où ta durée indéfinie subsiste et s'éternise comme un anneau de fumée[2]. Il n'est pas de plus étrange, de plus pieuse pensée ;

---

1. Cette version de la lettre A, dont un état antérieur, beaucoup plus court, appartient au Cahier *ABC*, fut publiée dans *Commerce*, à l'automne 1925, en même temps que les lettres B et C. Les trois poèmes étaient présentés comme « Trois lettres extraites d'un Alphabet à paraître à la librairie du Sans Pareil ». Un état différent figure dans *Histoires brisées* (Œ.II.461 *sq.*), mais son titre, « Au commencement sera le Soleil », résulte d'une lecture fautive de la dactylographie qui porte en réalité, comme ici, « Au commencement sera le Sommeil ». L'*incipit* n'est pas sans raison repris à la Genèse : c'est bien d'une naissance qu'il s'agit dans ce poème (voir ci-dessous la note 2 p. 44).

2. Le thème de l'insularité traverse l'œuvre de part en

il n'est pas de merveille plus proche. Mon amour devant toi est inépuisable. Je me penche sur toi qui es moi, et il n'y a point d'échanges entre nous[1]. Tu m'attends sans me connaître et je te fais défaut pour me désirer. Tu es sans défense. Quel mal tu me fais avec le bruit de ton souffle ! Je me sens trop étroitement le captif du suspens de ton soupir. Au travers de ce masque abandonné tu exhales le murmure de l'existence stationnaire. J'écoute ma fragilité, et ma stupidité est devant moi. Homme perdu dans tes propres voies, inconnu dans ta même demeure, muni de mains étrangères qui enchaînent tes actions, embarrassé de bras et de jambes qui entravent tes mouvements, tu ne sais même pas le nombre de tes membres et tu t'égares dans leur éloignement. Tes yeux mêmes se sont arrangé leurs ténèbres où ils rendent néant pour néant, et leur nuit regarde leur nuit. Hélas ! comme tu cèdes à ta substance, et te conformes, chère chose vivante, à la pesanteur de ce que tu es ! Quelle faiblesse t'a disposé, combien naïvement tu me présentes ma figure de moindre résistance ! Mais je suis le hasard, la rupture, le signe ! Je suis ton émanation et ton ange[2]. Il n'y a qu'un abîme entre nous,

---

part pour dire un sujet séparé : on lira par exemple « Robinson » ou encore « L'Ile Xiphos » dans *Histoires brisées*. Mais la référence à l'anneau de fumée surcharge ici la signification puisque la même image, dans *Note et Digression*, définit ce qui environne le Moi pur et l'isole : « Pareil à l'anneau de fumée, le système tout d'énergies intérieures prétend merveilleusement à une indépendance et à une insécabilité parfaites » (Œ.I.1219).

1. « Ô mon bien souverain, cher corps, je n'ai que toi ! / Le plus beau des mortels ne peut chérir que soi... » (« Fragments du Narcisse », Œ.I.128).

2. Ajout manuscrit sur un feuillet détaché de la revue

qui ne sommes rien l'un sans l'autre. Ma vigueur en toi est éparse, mais en moi tout l'espoir de l'espoir. Une suite de modulations insensibles tirera ma présence de ton absence ; mon ardeur, de cette inertie ; ma volonté, de cette plénitude d'équilibre et d'accablement. J'apparaîtrai à mes membres comme un prodige, je chasserai l'impuissance de ma terre, j'occuperai mon empire jusqu'aux ongles, tes extrémités m'obéiront et nous entrerons hardiment dans le royaume de nos yeux...[1] Mais il ne faut renaître encore. O repose encore, repose *moi*...[2] J'ai peur de retrouver de malheureuses pensées. Attendons séparés que le travail naïf et monotone des machines de la vie use ou détruise grain par grain l'heure qui nous divise encore. Je fus, tu es, je serai... Ce qui sera se déduit doucement de ce qui n'est plus. Voilà pourquoi ma tendresse anxieuse est sur toi... Or cette Chose s'agite, et cette forme change de forme, et les lèvres qu'elle semble tendre à soi-même, dessinent l'acte d'un discours. Personne

---

Commerce : « Je suis comme je fus dans le sein de ma mère. » Référence essentielle à une liquidité heureuse ailleurs présente dans *Alphabet* et que l'on peut rapprocher du sommeil de Monsieur Teste : « Je fais la planche. Je flotte !... Je sens un roulis imperceptible dessous, – un mouvement immense ? Je dors une heure ou deux tout au plus, moi qui adore la navigation de la nuit » (Œ.II.24).

1. Ajout manuscrit sur le même feuillet : « car je suis le Dieu inconnu, la connaissance ! »

2. Le décrochement des italiques ne change pas simplement le sens qui, du repos, s'infléchit vers l'acte de poser à nouveau. Il souligne aussi bien le dédoublement de soi à soi déjà présent dans un poème inachevé et inédit, une manière de *Tombeau* écrit en 1898 après la mort de Mallarmé : « Terre mêlée à l'herbe et rose porte-moi/ Porte doucement moi jusqu'à ce que je pleure. » Légèrement

à personne ne le prononce, et il y a un appel, une amour, une demande suppliante, un babil isolés dans l'univers, et sans attaches, et sans quelqu'un ni quelqu'autre... Il y a des essais de lumière, des efforts maladroits de résurrection. Allons! Voici *ma* fatigue[1], le miracle, les corps solides ; mes soucis, mes projets et le Jour![2]

---

modifiés, ces vers seront repris dans *La Jeune Parque* (v. 304-305).

1. Les italiques soulignent ici le rassemblement du sujet dont le dédoublement a pris fin. Quant à la fatigue de l'aube, un *Cahier* de 1921 l'éclaire : «Rien ne me touche plus que le matin de l'été [...] / La substance du ciel est d'une tendresse étrange. On sent cette fraîcheur divine qui sera chaleur tout à l'heure, jusqu'à l'intime./ On sent la lassitude avant le travail, la tristesse de reprendre son être /un corps/ plus vieux d'un jour, l'espoir, la simplicité du vivre, la promesse et la vanité de la promesse» (C.VIII.151).

2. Un fragment contemporain des *Cahiers* (1925) module différemment la relation complexe de présence et d'absence que ce poème compose : «Aube et moi – Corps toujours las qui s'éveille *au-dessus* de toutes ses pensées possibles – et ce sentiment étrange d'être étrange, étranger, et cependant d'être quelque chose – Tout et rien – Substance unique et accident» (C.XI.194).

*B*ouleversant les ombres et la couche, ramassé, détendu ; divisant, rejetant les flots du linceul vague, l'être enfin se défait de leur désordre tendre[1]. La vertu d'être Soi le parcourt. Être Soi le saisit comme une surprise ; et parfois heureuse surprise, parfois un immense malheur. Que de réveils voudraient n'être que rêves !... Mais sur-le-champ l'unité s'empare des membres, et de la nuque jusqu'aux pieds un événement se fait homme. *Debout !* crie tout mon corps, *il faut rompre avec l'impossible !...* Debout ![2] Le miracle

---

1. Ce poème, dont un état antérieur appartient au Cahier *ABC*, fut également publié dans *Commerce* en 1925. Son début évoque *La Jeune Parque* : « Délicieux linceuls, mon désordre tiède / Couche où je me répands, m'interroge et me cède » (v. 465 *sq.*). Comme le montrait déjà le mot de « résurrection » à la fin du poème précédent et comme le prouve la suite de celui-ci, l'association du sommeil et de la mort est fréquente chez Valéry. L'expression « linceul vague » est un possible souvenir du « Toast funèbre » de Mallarmé : « ... Quelqu'un de ces passants, fier, aveugle et muet, / Hôte de son linceul vague, se transmuait... »
2. Sous le titre de « Chant de l'Idée-Maîtresse », on trouve dans *Mélange* un poème très proche de celui-ci : « Allons ! Debout ! Surgis ! Écoute ! / Écoute ! Éveille-toi, brise tes chaînes, sois [...] » (Œ.I.357 *sqq.*).

Aquarelle du Cahier *ABC*.

d'être debout s'accomplit. Quoi de plus simple, quoi de plus inexplicable que ce prodige, Équilibre ? Surgis, maintenant, marche, rejoins tes desseins dans l'espace ; suis tes regards qui ont pris leur vol dans ce qu'on voit ; pénètre, avec des pas que l'on peut compter, dans la sphère des lumières et des actes, et compose tes forces à des objets qui te résistent... Et toi, je t'abandonne quelque temps, Douceur de n'être pas ! J'oublierai le sommeil jusqu'à la nuit. A ce soir, jeux obscurs, monstres, scènes impures, et vous, vaines amours !... Je me dépouille maintenant de mon état inconnaissable. O qui me dira comment au travers de l'inexistence ma personne tout entière s'est conservée, et quelle chose m'a porté inerte, plein de vie et chargé d'esprit, d'un bord à l'autre du néant ? Comment se peut-il que l'on ose s'endormir ? Quelle confiance dans la fidélité de mon corps, dans le calme de la nuit, dans l'ordre et la constance du monde !... Ce soir, tu reviendras, Absence ! Vous régnerez derechef dans quelques heures, effrayante impuissance inconnue, faiblesse essentielle, charme invincible qui enchaînes les yeux fermés à leurs images... On ne peut pas se retourner, engagés dans la gangue du sommeil, pour prendre sur le fait le *Singe qui montre les Songes*[1]...

---

1. Valéry note dans un *Cahier* de 1934 : « Le rêve *singe* le maître absent, revêt ses vêtements, ses souvenirs, *au hasard* mais le singe ignore » (C.XVII.696).

$\mathcal{C}$omme le temps est calme, et la jeune fin de la nuit délicatement colorée[1] ! Les volets repoussés à droite et à gauche par un acte vif de nageur[2], je pénètre dans l'extase de l'espace. Il fait pur, il fait vierge, il fait doux et divin. Je vous salue, grandeur offerte à tous les actes d'un regard, commencement de la parfaite transparence ![3] Quel événement pour l'esprit qu'une telle étendue ! Je voudrais vous bénir, ô toutes choses, si je savais !... Sur le balcon qui se propose au-dessus des feuilles, sur le seuil de la première

---

1. Ce poème, dont un état antérieur appartient au Cahier *ABC*, fut également publié dans *Commerce* en 1925.

2. L'euphorique présence au monde est souvent liée à la liquidité. Voir le bain de la lettre D et «l'eau profonde» de la lettre Z.

3. On lit dans un *Cahier* de 1924 : «Le matin, sur le balcon, déchirant fracas des volets repoussés, je me produis, je me mets au jour et je regarde *toutes choses*. Le tout – ouverture du tout. Le mot et le mouvement de *Salut!* – Salve, natura, me viennent à l'esprit» (C.X.4). Ce sont aussi bien les mots de *La Jeune Parque* : «Salut! Divinités par la rose et le sel/ Et les premiers jouets de la jeune lumière,/ Iles...» (v. 348-350), ou encore l'*incipit*, dans *Mauvaises Pensées*, des «Notes d'Aurore» : «SALUT... Choses visibles!» (Œ.II.859).

heure et de tout ce qui est possible, je dors et je veille, je suis jour et nuit, j'offre longtemps une amour infinie, une crainte sans mesure. L'âme s'abreuve à la source du temps, boit un peu de ténèbres, un peu d'aurore, se sent femme endormie, ange fait de lumière, se recueille, s'attriste, et s'enfuit sous forme d'oiseau jusqu'à la cime à demi nue dont le roc perce, chair et or, le plein azur nocturne. Quelque oranger respire là dans l'ombre. Il subsiste très haut peu de fines étoiles à l'extrême de l'aigu[1]. La lune est ce fragment de glace fondante[2]. Je sais trop (tout à coup) qu'un enfant aux cheveux gris contemple d'anciennes tristesses à demi mortes, à demi divinisées, dans cet objet céleste de substance étincelante et mourante, tendre et froide qui va se dissoudre insensiblement. Je le regarde comme si je n'étais point dans mon cœur. Ma jeunesse jadis a langui et senti la montée des larmes, vers la même heure, et sous le même enchantement de la lune évanouissante[3]. Ma jeunesse a vu ce même matin,

---

1. Apparues ici, après les deux premières lettres, elles réapparaîtront avant les deux dernières.

2. L'insensible passage de la nuit au jour se retrouve dans un autre poème de *Mélange* : « Aube – Ce n'est pas l'aube. Mais le déclin de la lune, perle rongée, glace fondante, et une lueur mourante à qui le jour se substitue peu à peu [...] » (Œ.I.311 *sq.*).

3. La montée des larmes, également présente à la lettre P (p. 93), n'évoque pas seulement *La Jeune Parque* (v. 280-285) : « Je n'implorerai plus que tes faibles clartés,/ Longtemps sur mon visage envieuse de fondre,/ Très imminente larme, et seule à me répondre,/ Larme qui fais trembler à mes regards humains/ Une variété de funèbres chemins. » C'est également un thème qui trouve sa source profonde chez Valéry lui-même : « Il me semble d'être un stylet qui aurait envie de pleurer. Certaines choses que j'ai écrites sont de cette arme à larmes » (lettre inédite du 14 septembre

et je me vois à côté de ma jeunesse... Divisé, comment prier ? Comment prier quand un autre soi-même écouterait la prière ? – C'est pourquoi il ne faut prier qu'en paroles inconnues[1]. Rendez l'énigme à l'énigme, énigme pour énigme. Élevez ce qui est mystère en vous à ce qui est mystère en soi. Il y a en vous quelque chose d'égal à ce qui vous passe[2].

1934, coll. privée). Et l'on songe naturellement à *L'Ange* de 1945 qui « essayait de se sourire [et] se pleurait » (Œ.I.205).

1. Mimant une réponse de soi à soi, le tiret *divise* la parole elle-même.
2. Sur une feuille volante, la note suivante semble renvoyer pour une part à ce poème :
« Alphabet / Réponse de l'âme à la beauté du jour. / Tout à coup, le fond émotif, craintif, la précarité essentielle du vivant que cache la vie même d'ordinaire, se distingue au travers de ce limpide instant, obscurcit le visage du monde au soleil. »

$\mathcal{D}$ans le pur et brillant sarcophage, douce est l'eau qui repose, tiède et parfaite épouse de la forme du corps[1].

Le nu libre et léger se dispose et s'apaise. Tout est facile dans le fluide en qui les jambes déliées sont aussi vives que les bras. L'homme y dépose sa stature ; il y coule toute la longueur dans laquelle sa hauteur s'est changée ; il s'étire jusqu'à rejoindre l'extrême de son ressort ; il se ressent égal au sentiment de son pouvoir de se détendre. Avec délice, il transpose ses points d'appui ; un doigt le porte et le soulève ; et ses forces flottantes, dans la masse calme du bain à demi fondues, rêvent d'anges et d'algues. Le poids de la chair bienheureuse baignée est presque insensible ; la chaleur de son sang étant peu différente de celle de l'eau toute prochaine, le sang s'épanouit sous la peau tout entière. Le corps vivant se distingue à peine du corps informe dont la substance le remplace à chaque mouvement. Une personne se mélange à la plénitude indéfinie qui l'environne ; quelqu'un se sent dissoudre doucement. Tout le corps à présent n'est plus qu'un songe agréable

---

1. Sous le titre « Le Bain », cette version de la lettre D a été publiée dans la *Revue du médecin* du 7 avril 1930.

que fait vaguement la pensée[1]. Le doux moment se mire et se voit des membres limpides sous le verre de l'eau[2]. Ce qui regarde et qui parle avec soi-même s'émerveille de la grandeur et de la symétrie des membres qu'il domine; et la tête pensante s'amuse de quelque pied qui vient à paraître loin d'elle, qui obéit comme par magie. Elle observe un orteil surgi se fléchir, un genou émerger et redescendre dans la transparence, comme une île océanique qu'exonde[3] et que replonge un caprice du fond de la mer. La volonté elle-même et la liberté générale de l'être se composent dans l'aise de l'onde.

Il y a peut-être dans l'air fade et vaporeux un parfum dont la fleur complexe interroge les souvenirs, caresse ou colore les désirs indistincts de l'être nu. Les yeux se perdent ou se ferment. La durée sans contacts s'affaiblit. L'esprit s'ouvre les veines dans un rêve.

---

[1]. « Mon corps devient l'instrument direct de l'esprit, et cependant l'auteur de toutes mes idées » dit un poème en prose de *Tel Quel*, « Nage » (Œ.II.667 *sq.*). On lira également, sous le même titre, une page de *Variété* (Œ.I.1090 *sq.*).

[2]. En modifiant le motif de la vitre, la phrase, quelques lignes après le rêve d'anges, fait discrètement écho aux « Fenêtres » de Mallarmé : « Je me mire et me vois ange ! » Dans *L'Ange* de 1945, la transparence du verre s'opacifiera en miroir, ouvrant à la division douloureuse : « Une manière d'ange était assis sur le bord d'une fontaine. Il s'y mirait, et se voyait Homme, et en larmes, et il s'étonnait à l'extrême de s'apparaître dans l'onde nue cette proie d'une tristesse infinie » (Œ.I.205).

[3]. Valéry modifie le verbe pronominal *s'exonder*, dont le participe (ou l'adjectif dérivé) est courant en géologie où *exondé* se dit d'une terre sortie de l'eau.

*E*n présence de la lumière, et toutefois hors d'elle, de la fenêtre haute, l'Ange du monde entier[1], qui d'une voix d'azur et d'or, sur le seuil de ce jour et de l'espace libre, annonce les cieux, les campagnes, les mers, les étendues, les peuples et les déserts, proclame et représente le reste et le Tout, affirme toutes ces choses qui sont en ce moment même et qui sont comme si elles n'étaient point ; en présence de mes mains, de mes puissances, de mes faiblesses, de mes modèles, et hors d'eux ; distinct de mes jugements, également éloigné de tous les mots et de toutes les formes, séparé de mon nom[2], dépouillé de mon histoire, je ne suis que pouvoir et silence, je ne fais point partie de ce qui est éclairé par le soleil, et mes

---

1. Le motif de la fenêtre appartient à l'imaginaire profond de Valéry, que l'on songe à « La Fileuse » de l'*Album de vers anciens* – « Assise, la fileuse au bleu de la croisée » – ou à telles aquarelles des *Cahiers*. Voir aussi la fenêtre basse de la lettre Z. La figure de l'Ange quasi religieux apparaît déjà dans des textes de jeunesse, autour de 1891.
2. Valéry n'a cessé de considérer son propre nom, figure de son moi social, comme séparé de son être propre, et c'est précisément parce qu'il ne s'y reconnaît pas que tous les états d'existence pure font de lui un homme sans nom. La même idée revient ici à plusieurs reprises : voir ce qui advient aux moments de l'amour, à la note de la lettre R p. 97, à la lettre V, et dans les Annexes, p. 142.

Lettre E du Cahier *ABC*.
Voir Œ.II.662.

ténèbres ne m'appartiennent point. Mon silence m'assiste ; mon abstention est plénitude. Comme le poing fermé et durci contient la diversité des actes, ainsi je me ressens et je me vois. Le total de mes paroles est muet ; la puissance d'exprimer, dans toute sa force se résume et se nie en moi. Dans un état de possession si concentrée, plus générale que la vie qui la supporte, mon âme édifiée au-dessus des êtres et des idées par les vertus du corps reposé, se sent égale en existence à tout ce monde visible et possible qui la presse d'une multitude d'images du soleil et l'obsède de tant de signes de mouvement[1]. Même le groupe caché de ses opérations, même le secret sentiment de ses chances infinies lui semblent tout distincts d'elle-même. Mon esprit pense à mon esprit et mes yeux considèrent ma main[2]. Je songe à la quantité des usages et des actes de cette main qui sont innombrables pour nous, et peu variés quant à elle... O moment, je ne suis que détails hors de toi, je ne suis qu'un fragment de ce que je puis, je ne suis que *moi* hors de toi ! Bel instant, balcon du temps, tu supportes au moyen d'un homme un regard d'univers, une parcelle de ce qui est *contre* toute chose. Je respire sur toi une puissance indéfinissable, comme la puissance qui est dans l'air avant l'orage.

---

1. Un moment d'extase comparable apparaît dans *« Mon Faust »* : « JE RESPIRE... J'ouvre profondément chaque fois, toujours pour la première fois, ces ailes intérieures qui battent le temps vrai. Elles portent celui qui est, de celui qui fut à celui qui va être... JE SUIS, n'est-ce pas extraordinaire ? Se soutenir au-dessus de la mort comme une pierre se soutiendrait dans l'espace ? Cela est incroyable... » (Œ.II.322).

2. *Ajout* : O main innombrable qui fais tant de choses avec ces quelques doigts.

*F*ais ce que tu voudras, bel Instant ! Ame, fais ton office[1] ! Est-il espoir plus pur, si dense diamant dont nul rayon qui a pénétré dans sa perfection n'en ressorte, est-il parcelle de matière ou de vie dans le monde plus précieuse que ce moment de présence et de silence dans l'unité de nos forces et au-dessus de notre esprit qui en précède toutes les pensées ? Être contenu avec toutes choses dans un élément singulier, isolé de muette et souveraine attente, est divin. De quoi donc est fait ce peu de temps privé de parole, ce fragment de puissance et de pureté, et comment se peut-il qu'une certaine sensation soit la sensation d'être capable de toutes les autres ? Il n'est point de pensée de degré plus élevé que *ceci*. Je ne sais ce qui se prépare, mais je déchiffre ce qui se dispose et je ressens ce qui se choisit. Rendre purement possible tout ce qui existe ; réduire au purement visible ce qui se voit, telle est l'œuvre cachée de l'âme avant qu'elle s'applique à quelque objet et qu'elle s'emploie à quelque dessein ; et c'est là sa réponse essentielle, sa volonté authentique et sa propriété véritable-

---

1. Très différent, un état antérieur de ce poème appartient au Cahier *ABC*.

ment absolue[1]. Bel instant, balcon du Temps, heure surélevée, tu supportes au moyen d'un homme un instinct d'univers, un désir de ce qui fut avant toute chose. Je respire sur toi une puissance indéfinissable comme la puissance qui est dans l'air avant l'orage ! J'attends une proie qui ne doit naître que de moi-même. J'illumine mes déserts semblables à des miroirs de sécheresse où vont jaillir des fontaines et des palmes.

En secret une voix connue essaye de paroles inconnues ; et les figures implicites qui préexistent dans ma structure et dans ma substance attentive se dessinent, se font chercher.

---

[1]. Chez Valéry, l'imminence ou le surgissement de l'idée, souvent liés à la pure sensation du possible et à l'ivresse même qui s'attache à cette potentialité sans limite, est un thème constant : voir par exemple l'« Aurore » de *Charmes*, les deux lettres E (Œ.I.351 et II.662) – et la lettre M, p. 79.

*G*racieux, gai, noble jour, qui me retires maintenant de mes fatigues, qui me reprends mes regards, qui me consoles mes esprits, tu leur parles, tu changes leurs peines en palmes, car tu les attires vers les jardins, vers des ombres, sur mainte douce terrasse confusément peuplée d'arbres noirs et légers que la lumière immense irrite et fait frémir. Ils palpitent de plaisir[1]. Mes paroles intérieures se taisent, le cèdent aux cris purs des oiseaux. La mer lointaine est une coupe pleine de feu tout auprès de *mon âme*[2]. Je goûte à l'horizon étincelant qui est posé sur ces feuillages, et mes regards sont des lèvres qui ne se peuvent détacher de cette chose pleine éblouissante. Les cieux, là-bas, versent *la flamme* sur les flots. La ferveur et la splendeur suspendues entre ciel et mer sont si *intenses* que le bien et le mal, l'horreur de vivre et la joie d'être, brillent et meurent, brillent et meurent, forment le calme et l'éternel.

---

1. Le texte est assez proche de l'état manuscrit du Cahier *ABC*.
2. La métaphore apparaît déjà dans un vers du « Cimetière marin » que la version définitive du texte n'a pas maintenu : « C'est une coupe auprès de moi posée / Toute ma soif y place une rosée » (*Charmes*, dossier B.N., ms I, 269).

Grâce, Daimôn... Hallali, hallali[1]... Ce moment m'assassine et je suis tout percé d'idées. Ma tête éclate et les lueurs s'y croisent et s'y combattent... Comment se peut-il que de si brèves étincelles portent chacune tant d'espoir et de certitude, et que la plus petite durée soit précisément celle qui s'identifie avec la plus grande puissance de vérité pour un seul, et d'injonction intérieure ?

Hallali, hallali, ma tête crève de lumières. Je n'en puis plus. J'emplis de griffonnages tous les bouts de papiers, les dos de cartons qui traînent autour de mes mains. Que de choses à la fois... Je ne puis plus me supporter. Je m'essouffle. L'esprit m'essouffle. Presque anhélant[2] je suis... Je m'interroge si cette surabondance existe parce que j'asphyxie ; ou si j'asphyxie à cause d'elle ? Quelle des deux me presse ? La hâte spirituelle me dépense, m'éperonne... C'est la chasse du diable ; le Daimôn se change en Démon.

---

1. Il n'existe de ce texte tardif (1935) qu'une dactylographie de Valéry dont le premier mot est à l'encre rouge et au-dessus de laquelle est inscrit un G. Les *Cahiers* mentionnent plusieurs fois, dans de brefs fragments consacrés à l'activité de l'Esprit, Socrate et son *daimôn*, cette voix intérieure qui le conseillait.

2. Haletant.

Lettre H du Cahier *ABC*.

*H*élas[1] ! au plus haut lieu de sa puissance et de sa gloire, hélas ! au point suprême, au séjour le plus élevé, rien n'échappant à la lumière, je heurte à la place de l'astre une tache brûlante ténébreuse ; et le haut dieu a pour moi le cœur noir. Absent est le soleil dans toute sa force[2], invisible est celui que les yeux ne peuvent soutenir. Il se cache dans son éclat, il se retranche dans sa victoire. Au sommet de la nature vivante j'ai trouvé la terreur et la nuit dans le centre de tes feux. Sur mes mains, sur le mur, sur une page pure, une tache vivante s'impose affreusement, une macule sombre et violacée s'attarde, une morsure de pourpre renaît devant moi sur toute chose. Voici que l'essence du visible dévore ce qui se voit. Cette marque m'accuse. Je la fuis ; c'est me fuir. Je descends vers les fleurs, aux bosquets, sous les arbres ; j'y transporte le mal ardent. Le fantôme du dieu m'affecte en chaque fleur. Je ne laverai plus mes regards du crime d'avoir vécu par eux dans le soleil.

---

1. Le texte suit de très près le Cahier *ABC*.
2. Une page des « Inspirations méditerranéennes » fait du soleil, comme ici, une manière de dieu (Œ.I.1095).

*I*l s'élève une odeur de fruits et de sauce chaude[1]. Quelque joie naïve est dans l'air. La porte qui s'entre-bâille admet une vapeur de viande cuite, et cède devant une femme rose et noire qui porte le Plat. L'arôme souverain envahit les âmes présentes. Le miracle de l'eau se fait dans toutes les bouches. Les visages brillent ; les voix sonnent au plus haut. L'un se frotte les mains devant son assiette pure. L'autre ne quitte pas des yeux ce bien fumant qui vient. La nourriture accommodée et préparée pour disparaître circule, s'incline et va s'offrir de corps en corps. Bientôt les tout-puissants esprits de la matière désirable sont montés à la tête des hommes. La politique et la littérature scintillent parmi les bruits des bouches et des cristaux. Les langues se dédoublent ; une vie, une bonté, une malice surabondantes s'exaltent dans les convives, les unissent et se dépensent en paroles entre les gorgées et les bouchées.

---

1. Sous le titre de « Midi », ce poème dont un état antérieur appartient au Cahier *ABC* fut publié en ouverture d'un tout petit album de poche sous coffret rouge et or réalisé à l'occasion du 54e bal de l'X à l'Opéra, le 2 mars 1937.

Le grand et beau chien, qui est assis entre deux personnes, donne à songer d'une statue de l'Attente. Il serait un dieu égyptien de basalte, si sa queue ne battait le carreau[1]. Rien n'est plus prompt que l'acte net de cette bête simple, et que le coup de gueule de cette immobilité chargée de désir, quand on lui tend le relief, os ou cartilage, dont l'homme ne peut vouloir. Ce museau, magnétiquement attaché par les yeux ardents à l'unique objet de cette vie animale, est une machine infaillible à happer et à faire évanouir tout le rebut de la table humaine.

Mais notre bouche enfin se lasse de saveurs : la fraise, le café, le tabac successifs en ont épuisé les puissances, et la plénitude nous accable, réduits à nous sourire au travers de nos fumées.

---

[1]. Un grand chien noir couché est une des représentations fréquentes d'Anubis, dieu des morts.

𝒥e m'interroge au milieu de ma fumée si j'irai tantôt vers la mer à travers les arbres, ou sur le mont accablé de roches, ou bien visiter quelques amis dans leurs demeures[1]; ou si je laisserai couler purement le beau temps limpide, toute la masse de l'après-midi lente et tiède jusqu'à sa dernière lueur ? Je varie, je me peins le possible et j'efface. Je me dis sans le vouloir que les bêtes ne font rien que d'utile[2]. Même leurs jeux sont de justes dépenses. Mais nous, le trop d'esprit trouble et diffère tous les comptes de notre vie avec sa durée. Nous gagnons, nous perdons du temps, notre solde n'est jamais nul. Je rêve à cette monnaie étrange. J'entends une eau qui chuinte et se suit je ne sais où ; un marteau je ne sais où qui martèle je ne sais quoi...

---

1. Cette version suit d'assez près le Cahier *ABC*.
2. Même idée dans *Tel Quel* : « Pour l'animal, pas un acte inutile » (Œ.II.602).

*J*e fais un pas sur la terrasse[1]...
J'entre en scène dans mon regard[2].

Ma présence se sent l'égale et l'opposée de tout ce monde lumineux qui veut la convaincre qu'il l'environne. Voici le choc entier de la terre et du ciel. L'heure veut me saisir et le lieu croit m'enclore...

Mais le site avec son heure, ce n'est pour l'esprit qu'un incident – un événement – un démon comme un autre... Tout ce jour, un démon de ma nuit personnelle.

Vainement, le soleil m'obsède d'une immense image, merveilleusement colorée, et me propose toutes les énigmes du visible... Il y a bien d'autres offres en moi-même, qui ne sont de la terre ni des cieux.

Tout ce beau jour, si net, orné, borné de tuiles

---

1. Sous le titre d'«Accueil du jour», ce poème de 1931 fut publié dans la *Revue de France* du 1er janvier 1932.

2. La formule s'éclaire d'une page des *Cahiers* : « A la fenêtre, tout à coup,/ Je perçois / Une sorte de distance "métaphysique"/ Entre ce qui se voit – et ce moi,/ Une sorte de *distance* entre mes yeux et moi, – qui/ *Mesure* quelque état d'approfondissement,/ Un écart,/ Entre ce qui est et ce que je suis – Pourtant, c'est mon regard que ce qui est.../ Qu'est-ce que cette "distance" ? » (C.XXIV.691).

et de palmes, et de qui tant d'azur, accomplissant la plénitude, ferme dans le zénith la forme auguste, ne m'est qu'une bulle éphémère, pleine à demi d'objets indifférents.

Bel *Aujourd'hui* que tu es – *Aujourd'hui* qui m'entoures – je suis *Hier* et *Demain*... Tu n'es que ce qui est, et je ne suis jamais : je ne suis que ce qui peut être... Ici, tout ce qui brille et vibre n'est pas moi.

Je fais un pas de plus sur la terrasse...

Je m'avance, comme un étranger, dans la lumière...[1] Quoi de plus étranger que celui qui se sent voir ce qu'il voit ?

Le sol ardent et pur me fixe, et m'impose l'éclat de l'étendue de sa nudité. Quelques vases, panses d'ombre, sont des foyers de feuilles et de feu. L'olivier sèchement se défend des étincelles qui l'irritent. Sur un toit rose et blond dorment quatre colombes[2] : je songe vaguement à la sensation de leur chair dans la plume douce et chaude posée sur l'argile tiède, ô Vie...

Que m'importe tout ce pays ? Que m'importe toute la terre ? Mais que m'importe aussi tout ce qui vient à mon esprit, tout ce qui naît et meurt dans mon esprit ?

Ce que je vois, *ce que je pense* – se disputent *ce que je suis*. Ils l'ignorent ; ils le conduisent : ils le traitent comme une chose... Suis-je la chose d'une idée, et le jouet de la splendeur d'un jour ?[3]

---

1. La Jeune Parque disait : « Je ne rends plus au jour qu'un regard étranger » (v. 152).

2. On songe naturellement au premier vers du « Cimetière marin » : « Ce toit tranquille, où marchent des colombes ».

3. Le surplomb de la terrasse sera plus tard associé à un autre retour sur soi dans un poème en prose des *Cahiers* de

𝓛a paresse agrandit les minuscules choses prochaines[1]. Une Mouche soudain se détache du mur; étincelle; n'est plus, et renaît sur ma main. Ce point vivant, point noir vivement consumé, recréé, a changé de point d'existence. Es-tu, Mouche, la même Mouche, la Mouche même qui était? Qui jurera de ton identité? Puis-je vraiment penser (mais penser jusqu'au bout de ma pensée) que ce transport, cette destruction d'insecte que dissout le soleil, a transmis une essence sans seconde, un être unique, infime certes; mais qui compte pour soi-même dans la table instantanée des vivants? *L'étrange don de ne pas être un autre* en elle m'émerveille. Mais moi, je me confesse que je la confonds avec toute mouche

---

1942, de tonalité testamentaire et grave, « Station sur la terrasse » : « Je suis monté sur la terrasse, au plus haut de la demeure de mon esprit [...] Voilà ton œuvre – me dit une voix. / Et je vis tout ce que je n'avais pas fait. / Et je connus de mieux en mieux que je n'étais pas celui qui avait fait ce que j'avais fait – et que j'étais celui qui n'avait pas fait ce que je n'avais pas fait – – Ce que je n'avais pas fait était donc parfaitement beau, parfaitement conforme à l'impossibilité de le faire » (C.XXV.618 *sq.*).

1. Un état antérieur de ce poème appartient au Cahier *ABC*.

venue. C'est là même penser... C'est confondre toutes les mouches. Mais comment te conserves-tu ? Comment te divises-tu, – dans je ne sais quelle petite âme, – de la cause et des effets de ton mouvement ? Quand tu voles, mouche, sans doute tu n'es que vol ; et quand tu te poses et pivotes, et picotes, tu n'es qu'échanges minuscules, sans passé, sans futur, et comme infiniment accidentelle. O Même et Non Même, tu m'engendres une fatigante, une insoutenable présence de questions... La vie saute de mouche en mouche[1]... Adieu souci, n'allez pas plus avant sur la route vénérable qui ne mène à rien. Ma torpeur, ma stupeur dorée ne peuvent à présent supporter un objet de quelque durée. Le soleil, sans me voir, me fixe durement. L'éclat m'écrase. Et l'éblouissement de toutes parts dévore toutes les formes de mes idées naissantes. Par le bruit continu d'une eau cachée qui coule et se précipite je ne sais où, j'entends mon sang, mon jour, ma puissance indistinctement s'épandre dans les solitudes de l'ouïe, au travers des choses présentes ; et ce temps naïf, qu'un ruisseau fait songer, traverse des choses visibles ; et tandis que ce murmure fait son chemin dans la masse du moment, je sens ma présence absente et mes ténèbres, au centre de tout ce qui brûle et qui se fait[2].

---

[1]. Assez proche d'une page de *Tel Quel* intitulée « Mouches » (Œ.II.602), ce poème fait aussi discrètement écho à « L'Abeille » de *Charmes*.

[2]. La présence-absence est une manière d'être au monde souvent évoquée dans l'œuvre. Songeons à la fin d'un poème en prose de *Tel Quel*, « London-Bridge » : « *Je suis ce que je suis, je suis ce que je vois*, présent et absent sur le Pont de Londres » (Œ.II.514).

Tout à coup il me semble que l'or impose une ombre dans mes yeux, que les arbres profondément verts se colorent brusquement d'une pourpre puissante; la pesante chaleur m'inspire ou m'intime soudain la sensation de l'extrême froid; et mon accablement, mon état de corps sans forces couché, me peint dans l'espace un être dont l'agilité, les ressources élastiques m'enseignent ma fatigue et mon inertie. Je comprends que *ce qui est* a *ce qui n'est pas* pour exacte réponse...

Faut-il interpréter toute chose sensible et réelle comme Joseph et Daniel faisaient les songes des rois?[1] Me dirai-je ce que signifie ce soleil, et quelles énigmes propose tant de lumière?[2]

---

1. Dans la Genèse, c'est l'aptitude de Joseph à interpréter les rêves qui lui vaut de sortir de la prison où il avait été jeté après que la femme de Putifar – commandant de la garde du Pharaon – l'eut accusé d'avoir cherché à la séduire. A la cour de Babylone, Daniel interprète également les songes et les visions (Livre de Daniel).

2. La même énigme fait retour à l'autre extrême du jour, dans la nuit profonde des toutes dernières lettres.

*M*ille fois, j'ai déjà ressenti l'Unique[1]...

Mille fois, plus de mille fois, ce dont l'essence est d'être unique...

– Tu le laisses toujours ne pas te reconnaître !...

Il y a donc, dans la substance d'un homme, une vertu d'effacement, sans laquelle un seul jour suffirait, épuiserait, consumerait l'attrait du monde ; une seule pensée annulerait l'esprit ?

Mais une soif de connaître, une joie de se sentir venir quelque prochaine Idée – de sentir s'éclairer peu à peu un royaume d'intelligence – renaît indéfiniment des cendres secrètes de l'âme. Chaque aurore est première. L'idée qui vient crée un homme nouveau.

Mais comment se peut-il que je m'ignore et m'abolisse à ce point que l'espoir redevienne, et redore toujours les hauts frontons de la pure Promesse, les degrés infinis de la Connaissance, et ces autels mystérieux où notre vie offerte se change en fumée au pied des idoles de l'Intellect, où des actes spirituels et des prières extraordinaires

---

[1]. Écrite en 1931, cette version de la lettre M fut publiée, sous le titre « L'Unique », dans la *Revue de France* du 1er janvier 1932.

transforment notre amour, notre sang, notre temps, en œuvres et en pensées ?

Ne suis-je pas accoutumé à me surprendre, et la nouveauté n'est-elle pas ma sensation la plus connue ?

C'est peut-être la loi de l'esprit qu'il doive méconnaître la plus naïve de ses lois[1]. Elle exige que le désir n'ait eu de pareil. Car le désir est tout puissance ; mais le souvenir d'une puissance est impuissance, et la force n'est que ma présence au plus haut point.

Mais, tandis que le moment même de l'esprit aspire à ce qui lui semble sans exemple, et que j'espère en des états exceptionnels, chaque battement de mon cœur redit, chaque souffle de ma bouche rappelle – que *la chose la plus importante est celle qui se répète le plus*[2].

---

1. La variation spontanée des idées, ce que dans son vocabulaire privé Valéry nomme la « Self-variance », est une des lois de l'Esprit souvent analysée dans les *Cahiers*.

2. Plus explicite, une feuille volante du dossier porte : « Le corps m'enseigne que le plus important est ce qui se répète le plus. »

$\mathcal{M}$e voici, tel que je suis, baignant dans l'air indispensable[1]. Cet air semble si pur et délicieusement frais que je le sens me faire vivre, au lieu de vivre sans y penser, et que le mot très vide d'AME que l'on prononce à la légère, prend ici et à présent sa valeur personnelle et universelle. Et voici que je n'ignore pas non plus la présence de la terre sur laquelle je pose, marche et puis me coucher, si je veux. Ceci est admirable, ainsi que la lumière qui m'entoure de choses vraies quoique lointaines. Je m'enchante de toutes ces richesses auxquelles on ne pense jamais. Je ressens que je suis fait de tout ce dont j'ai besoin et que je possède de quoi dormir si j'ai besoin de sommeil.

Il est trop donné aux hommes de ne pas percevoir tous ces dons qui ne leur manquent pas en général, et cet équilibre ordinaire dont ils ne remarquent, par la douleur ou l'extrême plaisir, que les fortes variations. Le simple et le naturel sont les plus trompeuses des apparences. La per-

---

1. Il n'existe de ce poème tardif (1935) qu'une dactylographie qui porte « Alphabet » en titre et dont les deux premiers mots sont tapés en rouge.

fection des artifices qui nous font vivre est telle que nous la prenons pour un moindre effort.

Tout ce qu'il faut pour être est aussi caché que possible. Il faudrait inventer indéfiniment pour suivre cette pensée vers sa racine. Va et viens. Regarde et bâille. Casse une tige et fouette le gros arbre. Il arrivera peut-être, comme l'arbre lui-même forme un nœud de plus en montant à son épanouissement, que ta distraction tout à coup se noue et se durcisse en neuve idée.

*M*adame, mon amie, qui criez que vos fleurs sont belles, que je les vienne respirer, et que vous ne pouvez à vous seule suffire au plaisir, à l'orgueil, à l'ivresse que vous versent vos nombreuses roses, laissez-moi le temps d'accourir, donnez-moi le temps de songer à ce qu'il faut que je vous en dise[1]. Attendez que j'aie trouvé quelque parole qui flatte votre goût de vos fleurs... Que si je m'oubliais et ne disais que ma pensée, je pressens que j'irriterais la vanité qu'elles vous donnent... Que me font tous ces calices de chair tendre, ces petits visages penchants ? Je ne sais pas chérir des merveilles si délicates, si sensibles et si fragiles... Vous aimez les fleurs, mon amie, et j'aime les arbres. Des fleurs sont choses et les arbres sont des êtres. J'aime le tout mieux que la partie. Adorez avec moi ce grandiose porteur de branches et de feuilles, ce grand être isolé et complet. Sa stature et sa figure exhaussent mon regard. Il invoque, il appelle l'arbre de vie qui est en moi. Il est axe d'un monde où il rayonne son existence, et je le sens par moi-même qui

---

1. Un état antérieur de ce poème appartient au Cahier *ABC*.

approfondit jusqu'au granit son idée fixe de la vie... Ne voyez-vous pas qu'il soutient dans toute sa gloire l'exemple et la loi pure de se faire égal dans l'espace à toute la puissance pressante du temps ; comme il répond à sa durée[1], comme il s'augmente et se succède dans l'étendue ! Il ne subsiste qu'il ne croisse, et le nombre de ses feuilles chante à demi-voix ce qui se passe sur la mer.

Arbre, mon arbre, *Amour* serait ton nom, s'il m'appartenait de te nommer, ô statue d'une soif constante, ta vigueur s'élève en toi comme l'huile entre les fibres et tu ne cesses de te construire car tu ne vis que de grandir. Par le corps ardent des cieux, par la chair de l'air fraîche et fluide, par ce qui brûle aussi, là-haut, tu es appelé à l'altitude. Je t'aime, je voudrais aimer comme toi, être aimé comme tu aimes, frémir, grandir, périr...[2]

---

1. *Ajout* : Sa masse est en équilibre avec le temps. Son corps est un siècle.

2. « Au platane » ou « Ébauche d'un serpent » développent des invocations comparables dans *Charmes*.

« *N*on, vous ne saurez rien, me dit-elle[1].

Car vous avez nommé celui qu'il ne faut pas nommer. Je place au-dessus de toute chose celle qui n'a point de nom. En vain vous essayez de la surprendre, je vous oppose mon regard. L'arbre qui vous est cher, nous le ferons couper si m'en parlez encore. Mes roses me suffisent qui ne durent qu'un peu de temps. » Elle dit, et détache, et me donne une de ces fleurs tendres et froides. Ce geste fait, il fallut quitter ce moment, s'éloigner ensemble. Le silence et les pas firent que chacun suivit sa pensée. Les deux pensées avaient bien de la ressemblance, car chacune se tourmentait de l'éloignement de sa sœur.

Or, tout le jour était livré à sa maturité. Voyez comme il étonne votre cœur, comme il est dur et incorruptible. Il vous remet parmi les choses. Il vous termine comme un corps sans âme. S'il a deviné vos pensées, il vous considère comme un objet sans pensée : Je vous connais plus clairement que je ne fais ce chien et cette plante si haute et si profonde que j'ai moi-même plantée.

---

1. Un état antérieur de ce poème appartient au Cahier *ABC*.

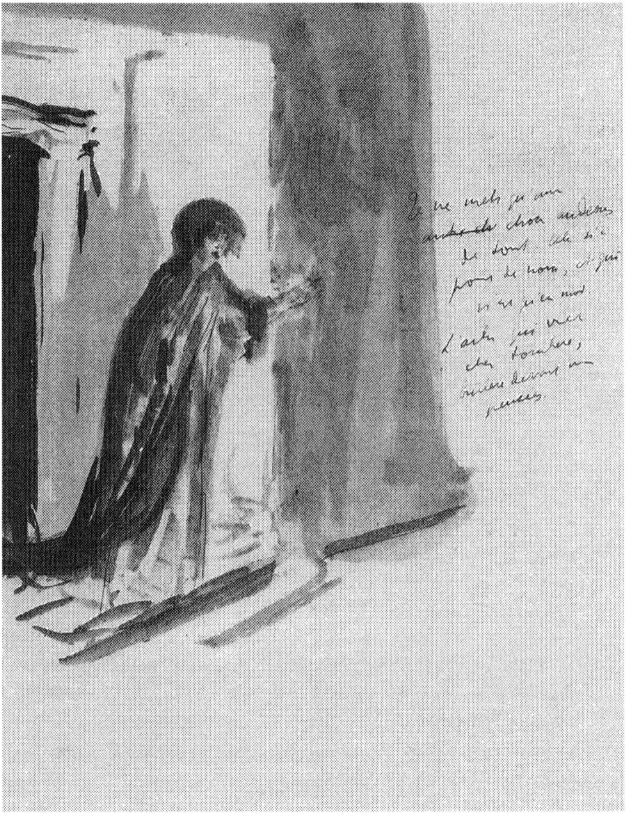

Les pages N du Cahier *ABC*.

Il y eut pendant quelque temps dans ce jardin comme un abîme qui errait dans les allées, et des deux côtés de l'abîme la même chose se parlait et deux cœurs ignorants l'un de l'autre battaient à peu près de même[1].

---

1. « *Mon Faust* » offre un moment exactement inverse de celui-ci : non seulement c'est un homme (Faust) qui a offert une rose à une femme (Lust), mais, à la différence de la distance opaque qui se découvre ici, une relation de transparence intime s'établit entre les deux êtres : « Il parle, et je me parle ; et nos paroles ne s'échangent point – dit Lust à demi-voix. Et cependant, il ne se peut qu'il n'y ait entre ce qu'il ressent et ce que je sens moi-même une ressemblance... vivante » (Œ.II.323).

Or il y eut pendant quelque temps dans le jardin, et pendant la durée infinie de la vie d'une douleur, il y eut comme un abîme mouvant, allant, errant et s'arrêtant sur la figure ordonnée et odorante de ce jardin[1]. Sur la terre grise et rose, sur les ombres et les lumières, parmi les touffes, entre les arbres et les arbustes des allées, un abîme se déplaçait comme l'ombre d'un nuage. Un esprit l'avait aperçu, les yeux ne le voyant pas. Il y avait comme un abîme entre deux pensées qui étaient presque la même ; et des deux côtés de l'abîme une même peine, ou presque la même. Car deux âmes divisées se mouvaient séparément vers leur ressemblance ; car chacune se tourmentait à cause de l'éloignement intérieur de son autre même, et se la créait et se la recréait en soi

---

1. De ce texte très proche du Cahier *ABC* qui en offre deux états, il n'existe qu'une seule dactylographie. Valéry a noté sur une petite feuille volante :

« Lettre O / Amour. / Impossibilité des échanges du Tout avec le Tout / le Tout avec le Tout ne s'échange pas. / Le Tout ne se livre. / Ceux qui dorment ensemble et s'égarent dans leurs membres. »

Une note des *Cahiers*, partiellement identique à celle-ci et que l'on trouvera p. 141, permet de la dater de 1928.

indéfiniment comme supplice, et se la faisait tantôt trop méchante et tantôt trop aimable. Et tantôt trop haïe ; et tantôt trop aimée, l'amour inquiet formait et déchirait l'image !

O n se tait[1]. Un silence à présent, fait de nous deux, se porte avec une lenteur chargée de charges invisibles, un poids écrasant de séparation, une masse d'amertume contractée, un bloc de tendresse toute prise dans sa profondeur, et plus dure que glace, – vers nul point du jardin, nulle préférence de fleur, ni de bel arbre, ni de lieu plus aimable qu'un autre: Du même pas, côte à côte, identiques en mauvaises pensées, les cœurs mêmement serrés, les yeux et les gorges mêmement serrés et secs, les regards de même absence douloureuse, les corps dont les ombres se mêlent sur le chemin, procèdent et comme, non dans l'espace, mais dans un temps qui doit finir. C'est un abîme qui se déplace sur la terre, en pleine lumière.

---

1. De ce poème très proche du précédent par la tonalité, mais cependant bien plus tardif (1935), il n'existe qu'une dactylographie à l'encre rouge où Valéry a porté la lettre O au crayon bleu.

Valéry par Valéry.
Aquarelle du Cahier *ABC*.

*P*eut-être que les réflexions très amères, quand elles ont empli je ne sais quelle mesure inconcevable, à la fin renversent le cœur[1] ? Peut-être que la durée mystique et double avait épuisé sa substance de mauvais songes et qu'elle revenait de l'infini ; et peut-être que le temps approchait en secret, à travers nos tristes pensées, de nous regarder au visage ? Déjà nous faisions distraitement le rêve de nous sourire : Ah ! s'il était possible ! et nous formions le visage qui répondrait, et nous pressentions le seuil délicieux des larmes naissantes. Il suffit alors aux vivants qui s'étaient cru éternellement séparés d'une rencontre de leurs yeux pour qu'ils se trouvent tout à coup dans l'âme l'un de l'autre. Ils reconnaissent qu'ils y sont des dieux, maîtres de la vie et des vérités ; et ces dieux mutuels échangent des regards, et ils s'accordent dans l'instant sur la nécessité de leurs existences !

(Ce que je suis véritablement en toi /vous/ tout à coup me regarde par tes yeux.)

---

1. Un état antérieur de ce poème appartient au Cahier *ABC*.

(La voix de l'un parle dans l'autre, et l'autre ne la peut empêcher de se faire entendre.)[1]

---

1. Sur une feuille séparée, Valéry a noté :
« Alphabet / P / Le coucher du soleil / Crépuscule – se dépouille, se vide s'étant surpassé. / Objets sans nom – teintes orangé – alors naît le désir. / Vaste bassin – théâtre prodigieux. »

$\mathcal{Q}$uelle tendre lumière baigne ce que regarde l'âme réconciliée[1]. La moindre nuance se fait sensible; les couleurs semblent venir d'être créées, quand la douce fin des tourments vient rendre la vie à l'étrange enfant qui est en nous. Voici qu'il croit de nouveau à ce qu'il voit. Une pierre claire chante. La colline est une caresse. La fermeté du sol est un grand miracle, si certain qu'il est incroyable. Tout ce moment est un diadème. L'unité de cet instant est plus forte que les forces intérieures du cristal le plus dur. Mais le cœur se compose en silence un trésor de souvenirs futurs. Une joie de nature inconnue abonde et soulève toute la masse du vivant. Il se sent plus d'amour qu'il n'en peut répandre, plus de mystère qu'il n'en existe dans les cieux, plus de puissance qu'aucun corps n'en peut décharger dans ses actes les plus violents.

Et les yeux s'édifient dans l'altitude, car au ciel lentement le feu qui détruit les jours se déclare, et les phénomènes du soir se prononcent,

---

[1]. Ce poème suit d'assez près le Cahier *ABC* où figure également une autre version très brève et vite abandonnée de la lettre Q qui évoque déjà Vénus.

se décomposent dans l'entière grandeur du temple des regards.

L'air, les nuées et les sommets de la terre monstrueuse sont livrés aux flammes illusoires. Une vague et lente Vénus vaporeusement assemblée passe et nage aux cris des oiseaux, rose, et le premier songe du soleil qui s'est assoupi[1].

Tout est couronnes, guirlandes, trophées.

Palmes et plantes ardentes peuplent les degrés glorieux des montagnes méconnaissables.

---

1. Ce texte est assez proche de « Profusion du soir » (*Album de vers anciens*) où se trouvent en particulier ces deux vers : « Là, m'appelle la mer !... Là, se penche l'illustre / Vénus Vertigineuse avec ses bras fondants ! »

$\mathcal{R}$evenons[1]... L'or se meurt, et toute chose peu à peu se fonce et se dégrade. Le sol fume. Un diamant déjà perce dans l'altitude. Les demeures et les dômes de feuilles s'amassent et se confondent ; et toute la variété de la figure de la terre insensiblement s'assemble et se compose en un seul troupeau de formes vagues et obscures accablé de torpeur. Autour de nous, bientôt, la profonde unité des ténèbres sera.

Le plus pur de ce qui existe, le plus pur nous laisse et s'élève. Le haut ciel lentement se déclare univers. Quelque divinité se divise du temps, et

---

1. Sous le titre « La Rentrée », ce poème, dont un état antérieur appartient au Cahier *ABC*, fut publié dans la *Revue de France* du 1er janvier 1932. Valéry a noté sur un petit carton :

« Alphabet. R. Analyse de l'automne. / Ouverture de haute tristesse / La *tendresse par la terreur* / affreuse, délicieuse d'acuité / mortel[le] de profondeur. / Ces tendres terreurs, ces sensations de l'être sans nom que l'on est. / Cherchez bien au fond de l'amour et vous y trouverez tout autre chose que l'amour. / Le sentiment de celui qui est en nous et n'a point de nom. / De la caresse / De la voix (jardin). / Mystique de ces choses [...]. » Sur le thème de la caresse, on lira le texte qui figure en Annexe, p. 131.

tout le poids d'un jour de notre vie nous fait baisser la tête. Le silence nous prend : il nous sépare, il nous unit. Une est la lassitude.

Les tristes ombres des plus simples, des plus grandes, des plus amères et vaines ou naïves pensées nous accompagnent. A la faveur du soir, les mythes viennent, et se font plus sensibles et importants que toutes choses.

Revenons... Recourons à la flamme et aux lampes. Asseyez-vous auprès de moi. Vos mains froides, vos pieds mouillés tendus à la braise, vos yeux songent des étincelles. La vie et la mort dansent et craquent devant vous.

Voici que vous ne pensez plus à rien qui ne soit impossible à dire. Ineffable est le destin de cette durée.

Tout ici est douceur, tiédeur, sagesse et sûreté. Je sais bien, toutefois, que vous sentez et présumez en vous-même la présence de tous les ennemis de notre vie. *Ce qui ne sera plus, ce qui sera*, voilà l'une et l'autre puissance. Et c'est pourquoi vous frissonnez devant la flamme furieuse, et vous êtes faible et contrainte, toute réduite à votre cœur serré, muette et lamentable au sein des formes du bonheur.

Je sais, en toute certitude, que toutes les terreurs des hommes, et celles des petits enfants, celles des bêtes elles-mêmes, sont en vous à cause de l'heure. Il y a l'âge, l'organisme si frêle, les ténèbres au-dehors si rapprochées, les contes et les brutes, les assassins et les esprits... Une personne est bien peu de chose auprès de tant de périls qui émanent d'elle, la nuit venue. Je le ressens comme si j'étais dans votre chair. C'est pourquoi il faut se prendre dans les bras l'un de l'autre, et les paupières fortement fermées, étreindre une chose vivante, et se cacher dans une existence[1].

---

1. Cette constriction douce et close semble bien avoir été, chez Valéry, un réflexe ancien d'insularité protectrice comme en témoigne une note de 1935 : « J'avais peut-être six, peut-être huit ans. Je me mettais sous les draps, je me retirais la tête et les bras de ma très longue chemise de nuit, dont je me faisais comme un sac dans lequel je me resserrais comme un fœtus, je me tenais le torse dans les bras – et me répétais : *Ma petite maison... ma petite maison* » (C.XVIII.218).

Servez-vous[1].

Est-il plus fine nourriture, chair plus friande et plus fraîche ?

Ces beaux rougets n'ont fait qu'un saut, de l'onde dans le feu.

Notre pêcheur les a portés à la cuisine, à peine il rentrait de la mer.

Il faut en reprendre.

C'est mon plaisir que vous repreniez de ce que j'aime.

Je veux voir dans vos yeux vous plaire ce qui me plaît.

Je prends ma jouissance dans la vôtre, je la tiens de votre visage, et je la suis, comme au second degré spirituel placée.

Buvez sur ce poisson ce vin que je vous verse.

Ce n'est qu'un petit vin frais, jeune, et sans expérience ; mais vous tâterez tout à l'heure d'un Syracuse qui n'a pas moins de quatre-vingts ans !

Il est à l'extrême de ses vertus.

---

1. Ce poème, dont un état antérieur appartient au Cahier *ABC*, fut publié, sous le titre « Le Dîner », dans un numéro d'hommage à Ramuz de la revue *Suisse romande* du 15 septembre 1938 (n° 4).

Avez-vous remarqué comme les vins très vénérables ont du pouvoir sur les souvenirs ?

Ils sont de vieilles gens délicieuses pleines d'histoires et de sagesse.

Chaque goutte de ces œuvres du temps artiste est merveille complexe : elle éveille dans notre sens tout un système d'harmoniques.

On dirait que ces vins essentiels piquent et baisent à la fois les diverses nymphes nerveuses qui ont leurs mille petits antres dans la bouche, sur la langue, dans les narines.

Chaque année qu'ils ont vécue dans la cave leur a laissé quelque perfection.

Il faut les boire avant leur mort.

Un beau vin a sa vie pendant laquelle il se mûrit et se confit en soi-même.

Ceci confine à la magie.

Il y a magie en toutes circonstances où les choses donnent de l'esprit.

...*T*out à coup j'ai le sentiment d'un silence et d'un esprit dans les poils de ma nuque[1]. Qui donc est si près de moi, peut-être, que je n'ose tourner la tête, ni jeter ma main derrière elle ? Je sais bien que je saisirais la chose vivante que vous êtes, et que tu es un événement qui changera toute ma vie. Tu es là, avec toutes les conséquences ineffables du baiser qui est si proche et que rien maintenant ne peut plus retenir. Qu'attends-tu ? Tu attends que tu ne puisses plus attendre, et tu veux te sentir une sorte de fatalité. Tes lèvres sur mon cou s'abattront comme une pierre. Et moi je me sens certain, d'une certitude de rêve, que tu es, derrière moi, avec tout ce qui va venir, comme dans un passé, comme si une chose tout accomplie et qui n'est pas encore, était présente dans cette chambre. Je me tournerai brusquement vers toi, aussitôt que le moment qui est en nous sera venu. Que de pensées, que de prédictions dans ce petit fragment de ma durée... C'est pourquoi mon cœur est saisi. *Encore un*

---

1. Cette version de la lettre T suit le Cahier *ABC* qui en offre deux états différents. Trois dactylographies portent pour titre : « Esquisse d'un Poème », « Attente / Esquisse d'un Poème » et « Esquisse d'un poème de l'approche ».

moment, Monsieur le bourreau... Le livre qui est devant mes yeux est illisible, et mon âme sur ces lignes où mes regards s'attachent sans espoir, attend le choc.

𝒯u es belle comme une pierre[1] ; et ta forme se ferme si parfaitement qu'elle appelle les deux mains à l'épouser et à la suivre ; à la reprendre et la refaire, selon ses pentes et ses masses, sa douceur et sa résistance, et cette fuyante plénitude qui affole indéfiniment le toucher. Tu es si belle que je te crée. O que mes mains recommencent encore la connaissance de leur ouvrage et que la créature engendre le créateur... Ton épaule excède toute parole ; la fraîcheur, la fermeté, l'équilibre du bras que je soulève et baise, et qui conduit les lèvres vers ton sein, vers l'un des buts ou des pièges placés sur la forme de toi, pour que l'âme s'y prenne et n'ait de cesse qu'elle ne tombe et périsse au piège des pièges.

J'abandonne toute pensée. Toute pensée m'abandonne. Je me sens devenir mes mains, mes genoux

---

1. Il n'existe de ce poème bien plus tardif que le précédent (1935) qu'une dactylographie de Valéry à l'encre rouge. On peut sans doute songer au vers qui ouvre « La Beauté » de Baudelaire – « Je suis belle, ô mortels ! comme un rêve de pierre » – mais le texte reproduit en Annexe, p. 131, et qui est déjà une manière de poème, montre plus clairement encore que cette lettre T comment la caresse fait de l'homme ce Pygmalion qui véritablement façonne le corps de la femme et le crée.

impérieux, et la puissance de mon torse aux reins pressants. Il faut que je caresse et que je broie, que je tue et que je périsse, que je dompte et que je domine tout enchaîné.

*U*ne propriété essentielle d'une pensée est ce pouvoir qu'elle a de traverser d'autres pensées sans s'y confondre, comme les images ou les voix de convives opposés se traversent sans se troubler[1]. Les pensées apparaissent aussi au milieu des circonstances les moins conformes à elles et où elles se trouvent le moins attendues.

Le corps parfois passe au travers de l'âme ; un désir vole comme une flèche tirée d'un point de notre chair vers le ciel même de notre esprit. Une douleur, une lueur perce la substance du présent, la vérité se montre et fuit au travers d'un songe ; le jour passé reluit, se développe et s'efface une fois de plus dans une fissure du jour : et moi, comme je respirais sans conscience le parfum qui suffit à me rendre vaines toutes les choses non infinies, et comme je n'avais qu'à oublier pour être, à m'abandonner pour agir, une idée pure m'apparut, une lumière tout étrangère à la volupté, et tout étrange pour la tendresse. Ensuite, elle fit place à côté d'elle à un bizarre sentiment de quelque anachronisme. Entre un moment si

---

1. Assez différent, un état antérieur de ce poème appartient au Cahier *ABC*.

doux, si trouble et si obscurément venu et ce penser d'une pureté tout inhumaine, l'absence de relation me fit sourire, me fit du bien et du mal.

*V*enez... Viens... Il faut tomber enfin[1]. Que les ténèbres soient. Que la parole aux souffles seuls enfin le cède. Nous n'avons plus de noms ni de visages et leurs regards; et l'apparence avec l'esprit s'évanouissent... C'est à présent qu'il n'y a plus de distance entre nous, et que ce qui n'est point substance du désir et présence pressante n'existe plus. J'ai oublié votre visage, et tous les chemins de ta forme me sont doucement familiers. On ne trouve que de la vie à saisir; le moment ne distingue plus entre les chairs; les personnes et le passé sont effacés. La caresse forme la forme et suit la forme qu'elle engendre, et la réveille et la rapaise, elle se joue à la surface de la vie qu'elle enveloppe de passages aux nuances successivement tendres, vagues, précises, impérieuses. L'être et l'être ne sont plus que des forces dans l'ombre. Il y a des mains, des membres, des masses, des puissances qui se tâtent, se composent, se conviennent tacitement; qui s'interrogent et qui se répondent, comme dans un colloque de l'âme avec soi-même, par des douceurs et des accès, par des similitudes ineffables qui s'entredevinent,

---

1. Un état antérieur du poème appartient au Cahier *ABC*.

par des contrastes qui s'animent et se résolvent, et tout ceci se confond dans le sentiment extraordinaire des énergies qui naissent et renaissent et surabondent par l'approche et par le contact de l'unique avec l'unique, dans le partage et dans l'échange, dans la poursuite de l'intime dans l'intime, jusqu'à la perfection si voisine de l'unité qu'il faut une sorte de mort par la foudre pour dénouer ce drame et rendre au monde ce resserrement.

Lettrine de Louis Jou.

$\mathcal{X}$ nom du secret[1], appellation de la chose inconnue, je te vois inscrit dans les cieux. Bételgeuse, Bellatrix, Rigel, Kappa, quatre sommets de l'X écartelé sur cette nuit si pure et populeuse. Au centre de l'immense figure, Alnilam, Alnitak, Mintaka sont les joyaux du nœud qui attache les membres de la lettre imaginaire[2]. Un signe de l'algèbre brille et palpite sur la ceinture de notre monde. Mon front se presse au verre qui me sépare des ténèbres, et le frisson du froid qui

---

1. Un état antérieur de ce poème appartient au Cahier *ABC*. C'est à peine une ébauche, et qui se termine par : « Minuit : il n'y a plus d'heure : 0. » Écho mallarméen ? Outre « l'Angoisse, ce minuit », le « Sonnet en yx », dont le centre est l'absence et l'interrogation, évoque, proche de cette page, « le septuor des scintillations ». Le motif de l'étoile comme signe de l'étrange apparaît déjà dans *La Jeune Parque* : « Tout-puissants étrangers, inévitables astres / Qui daignez faire luire au lointain temporel / Je ne sais quoi de pur et de surnaturel [...] » (v. 18-20). Vers la même époque, en 1916, sous le titre « Ciel », Valéry note dans les *Cahiers* : « Je suis le lieu géométrique, le point / Également ignoré de tous ces astres / Également ignorant... Moi et Eux. / Immense étonnement d'étoiles séparées » (C.VI.109).

2. Il n'est pas indifférent que ces étoiles appartiennent à la constellation d'Orion, de nouveau évoquée à la lettre Z, puisque la légende elle-même a trait au regard amoureux,

règne entre les étoiles me parcourt. X! me suis-je dit, quoi de plus admirable[1]!

Quelle idée plus digne de l'homme que d'avoir dénommé ce qu'il ne sait point?[2] Je puis engager ce que j'ignore dans les constructions de mon esprit, et faire d'une chose inconnue une pièce de la machine de ma pensée. J'appuie mon front à la vitre glacée; la question du savoir et du non savoir me semble suspendue éternellement devant mon silence[3], et une sorte d'équilibre stationnaire entre l'homme et l'esprit de l'homme s'établir.

Œnopion ayant aveuglé Orion qui s'était épris de sa fille. Les dactylographies portent Anilam pour Alnilam que je rétablis.

1. Sens classique, où l'admiration suppose l'étonnement.

2. Dans les réflexions qu'il conduit sur le langage d'un point de vue théorique, la question a très tôt suscité l'intérêt de Valéry : «On peut faire quelque chose à ce qui n'existe pas : on peut le nommer» (C.I.349).

3. Écho de Pascal : «Le silence éternel de ces espaces infinis m'effraie» (fgt 206, éd. Brunschvicg)? On sait que Valéry l'a vivement attaqué dans la «Variation sur une *Pensée*» de *Variété* (Œ.I.458-473).

$\mathcal{Y}$ a-t-il[1] en moi, est-il possible que je trouve, ô ma vertu de penser, par ton acte inconnu et imperceptible, quelque liaison /quelque échange/ entre ce ciel tout ensemencé de petits corps lumineux et mon instant et ma présence et ce reste d'amour[2] qui est sur moi ? Puis-je de ces vivants vestiges /vivantes marques/, de ces ombres de caresses qui sont sur mes épaules, de ces douceurs qui durent sur mes paumes, sur mes lèvres, et de ces vigueurs qui renaissent dans mes membres, puis-je de ces désirs, de ces volontés contentes et mal apaisées, faire chose aussi étrangère et si nettement contemplée que ces lumières séparées ! Il existe un immense amas d'îles et de points vivants épars. Total. La vue permet de penser total[3].

---

1. A la lettre Y, le Cahier *ABC* ne porte que ces trois mots, suivis de «pensant». Il n'existe de ce poème qu'une dactylographie de Valéry.

2. Allusion, bien sûr, à la lettre V, mais écho également de la *Parque* : «Et ce reste d'amour que se gardait le corps» (v. 479).

3. Je mets un point final à la phrase mais le manuscrit n'en porte pas, et peut-être est-elle inachevée.

Lettrine de Louis Jou.

*Z*énith[1]

au sein de la profonde nuit.

Une heure et demie. Je m'éveille et me lève et vais, et le manteau jeté sur mes épaules, ouvre la petite fenêtre carrée, basse. Tout le joyau désastre système Orion est en ascension, culminera dans une heure. Allez donc déchiffrer...

C'est pourtant l'heure, l'éveil, l'*éveille-toi* où devrait parler ce qui a Quelque chose à dire...

Voici une oreille, une bouche, un témoin, un poste ; une écoute ; de quoi traduire ; une intelli-

---

1. Le Cahier *ABC* propose, sur la même page, trois brèves ébauches à partir de *Zone*, de *Zèle* et de *Zénith*, et le dossier de la Bibliothèque nationale ne comprend aucun poème qui corresponde à la lettre Z. Celui-ci, qui porte (Alphabet) après *Zénith*, figure dans un *Cahier* d'octobre 1930 (C.XIV. 638). Valéry a noté sur une feuille séparée :

« Alphabet (Z)./ L'heure de l'absolu – Heure où toutes choses se dépouillent de ce qu'elles doivent à l'habitude, à l'expédience, aux affections de crainte et d'espoir, à la considération des autres et du monde, – et paraissent avec celles-ci et comme à côté d'elles, qui leur donnaient *valeurs* ; mais à présent, on voit (pendant quelque peu de temps) que les valeurs aussi sont choses et que les inégalités font partie de l'égal.../ Moi pur – ou le sentiment de l'Équivalence totale c'est-à-dire (E, M, C) sont Non-Moi. »

gence en ordre de marche, une attention, un silence et une limpidité...

L'eau profonde du monde à cette heure est si calme, l'eau des choses-Esprit si transparente comme espace-temps pur ; point troublée que l'on devrait apercevoir Celui qui rêve tout ceci.

Mais il n'y a rien que ce qui est et rien de plus, rien que ce qui est et s'écoule uniformément.

O ceinture – *Zone* – A quoi riment Toi et Moi ?[1]

---

1. Dans « La Ceinture » de *Charmes*, c'est le même motif qui assure le lien de l'être à l'évanescence du soir silencieux : « Cette ceinture vagabonde/ Fait dans le souffle aérien/ Frémir le suprême lien/ De mon silence avec ce monde... »

ANNEXES

La publication intégrale des diverses pièces qui figurent dans le dossier de la Bibliothèque nationale aurait alourdi ce volume sans grand bénéfice. Après l'*Histoire du texte*, je me suis donc contenté de reproduire, sous la rubrique *Éros*, trois pages directement liées aux lettres de l'après-midi, puis les trois plans les plus complets qu'ait construits Valéry et les plus éclairantes des notes.

I. HISTOIRE DU TEXTE

Il est difficile de recomposer parfaitement la chronologie d'*Alphabet*, et les documents reproduits ci-après (p. 125-130) maintiennent bien des incertitudes : dans la lettre de 1929, Valéry fait remonter le projet à 1926 puis, dans l'entretien de 1932, le repousse à 1922 ou 1924 («il y a huit ou dix ans») alors que, de son côté, l'éditeur René Hilsum affirme avoir acheté les lettrines de Louis Jou en 1927 ou 1928.

1925 est le premier repère sûr. C'est à cette date que le Sans Pareil annonce la création de la «Grande Collection» où doivent paraître des textes de Colette, de Carco, de Cocteau et de Valéry respectivement illustrés par Laboureur, Dignimont, Jean Hugo et Louis Jou[1]. C'est à cette date encore que paraissent, dans le numéro d'automne de la revue *Commerce*, trois poèmes présentés comme «Trois lettres extraites d'un Alphabet à paraître à la librairie du Sans Pareil». Un feuillet d'une des versions de la lettre E, par ailleurs, porte lui aussi la date de 1925 – manus-

---

1. Pascal Fouché : *Au Sans Pareil*, Bibliothèque de littérature française contemporaine de l'Université Paris VII, 1983, p. 46.

crite en chiffres romains –, et les *Cahiers*, en mai et en juillet, gardent traces d'*Alphabet*.

Rien ne permet néanmoins de fixer à 1925 la commande du recueil ni sa mise en œuvre. En ces années où Valéry, très sollicité, n'a que peu de liberté, le travail que supposent les nombreuses reprises de certaines lettres – A et E, par exemple –, le fait aussi que les premiers états de la plupart des autres soient à peu près contemporains portent à croire que plusieurs mois au moins furent nécessaires à l'élaboration de cet ensemble initial, dont Valéry détache les trois lettres A, B, C pour *Commerce*. Un indice conforte cette hypothèse puisqu'un des manuscrits de la lettre C porte au verso quelques phrases d'ébauche du petit texte sur le suicide qui paraît dans le n° 2 de la *Revue surréaliste* du 15 janvier 1925. On peut donc considérer que c'est en 1924 que fut entrepris *Alphabet* et que le Cahier *ABC* fut écrit. Le travail fut poursuivi l'année suivante, et de la datation des manuscrits établie par Florence de Lussy (voir p. 122), on peut conclure que l'essentiel fut accompli de 1924 à 1925. Si Valéry distrait ensuite deux poèmes du recueil, la première version de la lettre D – « De l'horizon fumé... » – et de la lettre E – « Esprit, attente pure... » – qu'il publie dans le recueil d'*Autres Rhumbs* en 1927, on ne peut en inférer qu'il renonce déjà au projet de publication puisqu'il a écrit à cette date une seconde version de la lettre D, et deux autres versions de la lettre E que peut-être il préfère à celles qu'il choisit de faire paraître.

Quand Valéry reprend le recueil en 1931 – quelques notes des *Cahiers* portent cette date –, c'est de manière assez fugitive, même s'il remanie quelques lettres et en écrit deux autres pour la publication que j'ai dite dans la *Revue de France* du 1ᵉʳ janvier 1932. 1935 est une date plus importante : un des plans la mentionne, et c'est à ce moment que Valéry demande à Lucienne Julien-Cain de dactylographier les derniers états de ses poèmes – qu'il relit et parfois corrige légèrement – ainsi que plusieurs notes dont certaines proviennent des *Cahiers*. La lettre (inédite) qu'il lui adresse le 25 août évoque d'ailleurs *Alphabet* : « Figurez-vous que j'ai brusquement entrepris la construction d'une sorte de scénario. J'y ai travaillé avec une sorte de liberté amusée pendant XLVIII heures... Chose étrange pour moi ! Mais je sens déjà mon premier zèle dépérir. » Il écrit alors les deuxièmes versions de la lettre G, de la lettre M, de la lettre O, et de la lettre T – et retouche quelques autres textes.

C'est en 1937 et 1938 que Valéry reprend une dernière fois le recueil : une dactylographie de Lucienne Julien-Cain porte la date de décembre 1937, et c'est au dos d'une lettre reçue en 1938 que Valéry lui-même tape une note assez longue[1]. Mais s'il remanie deux poèmes pour les publier, il ne retouche alors aucun des autres. Après le projet de publication avorté en 1939, les *Cahiers* montrent qu'il continue, de loin en loin, à songer au recueil : une note d'avril 1945 mentionne une dernière fois les « lettres Éros » de l'*Alphabet* (C.XXIX.705).

---

1. Cette note est reproduite p. 142.

DATATION

N.B. : je simplifie ici quelque peu la datation plus précise qui a été faite par Florence de Lussy. L'abréviation *Dactyl. J.-C.* signifie qu'il existe une dactylographie établie par Lucienne Julien-Cain en 1935.

Au commencement sera le Sommeil... : 1924 + 1925. Dactyl. J.-C.
Bouleversant les ombres et la couche... : 1924 + 1925. Dactyl. J.-C.
Comme le temps est calme... : 1924 + 1925. Dactyl. J.-C.
De l'horizon fumé et doré... : 1924 + 1927 (en vue de la publication dans *Autres Rhumbs*).
Dans le pur et brillant sarcophage... : 1925 + 1930 (en vue de la publication par *La Revue du médecin*). Dactyl. J.-C.
Esprit, Attente pure... : 1924 + 1927 (en vue de la publication dans *Autres Rhumbs*).
Est-il espoir plus pur... : 1925 + 1931 (en vue de la publication par la *Revue de France*). Dactyl. J.-C.
En présence de la lumière, et toutefois hors d'elle... : 1925.
Fais ce que tu voudras, bel Instant... : 1924.

Gracieux, gai, noble jour... : 1924. Dactyl. J.-C.
Grâce, Daimôn... Hallali... : 1935.
Hélas! au plus haut lieu de sa puissance... : 1924 + 1925. Dactyl. J.-C.
Il s'élève une odeur de fruits... : 1924 + 1925. Dactyl. J.-C. + reprise de Valéry sous le titre «Le Repas de midi». Nouvelle reprise en 1937 pour publication sous le titre «Midi».
Je m'interroge au milieu de ma fumée... : 1924 + 1925.
Je fais un pas sur la terrasse... : 1931 (en vue de la publication par la *Revue de France*).
La paresse agrandit les minuscules choses... : 1924 + 1925. Dactyl. J.-C.
LAURE dès l'aube est avec moi... : 1930 (en vue de la publication dans l'alphabet galant *D'Ariane à Zoé*).
Mille fois, j'ai déjà ressenti l'Unique... : 1931 (en vue de la publication par la *Revue de France*).
Me voici, tel que je suis... : 1935.
Madame, mon amie... : 1924 + 1925. Dactyl. J.-C.
«*Non, vous ne saurez rien...* : 1924. Dactyl. J.-C.
Or il y eut pendant quelque temps... : 1924 + probablement 1928 + 1931. Dactyl. J.-C.
On se tait... : 1935.
Peut-être que les réflexions très amères... : 1924 + 1928 + 1931. Dactyl. J.-C.
Quelle tendre lumière... : 1924 + probablement 1928 + 1931 + 1935.
Revenons... : 1924 + 1925. Reprise en 1931 (en vue de la publication par la *Revue de France*). Dactyl. J.-C.
Servez-vous... : 1924 + 1931. Dactyl. J.-C.

Reprise en 1938 (en vue de la publication dans la revue *Suisse romande*).

...Tout à coup... : 1924 + probablement 1928 + 1931 + 1935. Dactyl. J.-C.

Tu es belle comme une pierre... : 1935.

Une propriété essentielle d'une pensée... : 1924 + 1931 + 1935. Dactyl. J.-C.

Venez... : 1924 + 1931 + 1935.

X nom du secret : 1924 + 1931.

Y a-t-il en moi... : probablement 1925.

Zénith... : octobre 1930 dans les *Cahiers*.

UNE LETTRE DE M. PAUL VALÉRY[1]

Depuis trois ans, on attend l'apparition de l'*Alphabet*, cette suite de poèmes en prose où le génial créateur de *Monsieur Teste* veut enfermer le cycle des heures et dont la typographie magistrale doit être établie par les *Éditions Au Sans Pareil*, avec le concours de Louis Jou.

Les souscripteurs de ce volume de la « Grande Collection » ont, à différentes reprises, montré un impatient désir de connaître l'œuvre qui leur a été promise, mais que l'auteur remet sans cesse sur le métier[2].

Nous sommes heureux de pouvoir imprimer ici, avec l'autorisation de M. Paul Valéry, la lettre qu'il a adressée à l'éditeur du futur *Alphabet* et qui fournira aux admirateurs du grand écrivain

---

1. *Plaisir de Bibliophile*, gazette trimestrielle publiée par le Sans Pareil, n° 18, juillet 1929.

2. Le 15 mars 1926, René Hilsum écrit à Valéry : « J'ai appris avec plaisir pour votre tranquillité que votre réception [à l'Académie française] n'aurait probablement pas lieu avant la fin de l'année et qu'ainsi vous avez gagné un peu de répit du moins de ce côté-là, et égoïstement, je formule des vœux pour l'achèvement de l'*Alphabet* ! » (*in* P. Fouché, *Au Sans Pareil*, éd. citée, p. 68).

l'explication de leur attente et les raisons de nos espoirs :

Samedi.

Cher monsieur Hilsum,

Sachez bien que l'Alphabet ne cesse de me préoccuper. Je l'ai pris et repris à chaque éclaircie. [Je touche, il me semble, au moment où je pourrai l'attaquer une bonne fois et arriver à la décision.[1]]

Mais j'ai eu contre moi l'idée de le traiter en poème, c'est-à-dire en chose infinie, et surtout l'accumulation des ennuis, des besognes, de l'activité des fâcheux.

On ne sait pas ce que j'ai à régler, à expédier, à faire et à supporter. Mais enfin, je refuse tous engagements.

Le médecin m'ordonne impérieusement le repos.

Si je le trouve, l'Alphabet en sera le premier fruit.

Voilà ce qu'il faut dire de ma part aux réclamants. Dites-leur aussi que j'ai refait la lettre E quinze fois de quinze façons et n'en suis pas encore content.

Patience, patience.

Tout vôtre.

Paul VALÉRY

---

1. A la demande de Valéry, et probablement parce qu'elle marquait un engagement qu'il savait ne plus pouvoir ou vouloir tenir, cette phrase entre crochets ne fut pas publiée (voir P. Fouché, *Au Sans Pareil*, éd. citée, p. 68).

Le 1ᵉʳ mars 1932, dans le n° 12 du *Centaure*, supplément littéraire au n° 4 de la *Gazette médicale de France*, André Marcou publie un entretien avec Valéry qu'il interroge sur la revue de sa jeunesse, l'ancien *Centaure*, avant d'évoquer et de commenter lui-même «Avant toute chose» (Œ.I.351), l'un des quatre poèmes qui viennent de paraître dans la *Revue de France* du 1ᵉʳ janvier. Valéry lui répond :

«Ces "Pētits Poèmes Abstraits" sont des études faites il y a... huit ou dix ans pour un certain "Alphabet" qu'un éditeur m'avait demandé. Il avait vingt-quatre lettres ornées, de Jou ; et il s'agissait d'écrire autant de pièces de prose, assujetties à la condition de commencer chacune par une des lettres. J'ai eu l'idée de faire correspondre ces vingt-quatre morceaux à une journée de vingt-quatre heures. (Le K, heureusement, manquait.) Le poème que vous étudiez devait se placer au commencement de la matinée de travail, et tenir du psaume[1]. Vous avez bien vu que j'essayais de suggérer l'impression du *Possible de l'Esprit*, – du suspens, assez religieux, en somme, – qui

---

1. D'assez nombreux poèmes de Valéry s'intitulent *Psaume*, en particulier dans *Mélange*.

se place entre le néant et le créé. Il n'y a rien encore, et il y aura "quelque chose"...

J'ai abandonné la partie, faute de temps. La vie intellectuelle m'a toujours paru pouvoir servir de thème à une certaine poésie, destinée à ceux qui ont une sensibilité pour les passions et émotions de l'intelligence, – et à eux seuls. Mais j'avoue que la tâche ainsi définie n'est pas une tâche facile. Le langage est rebelle, – et il n'y a guère de "précédents"...[1] »

---

1. Au sujet de ces quatre poèmes publiés par la *Revue de France*, Valéry note dans les *Cahiers* : « 6-I-32. A l'Académie Bazin me tire à part et à mon immense étonnement me fait de grands compliments sur mes *Poèmes Abstraits* de la *Revue de France* ! Le ton mystique de ces pièces – a dû l'impressionner. Je tombe des nues. L'obscurité de ces essais dont je suis fort peu satisfait ne l'a pas rebuté ni choqué !... » (C.XV.453).

Dans le numéro spécial Paul Valéry du *Magazine littéraire* d'octobre 1982, René Hilsum, interrogé sur *Alphabet*, affirme avoir acquis en 1927-1928 l'alphabet de lettrines qu'avait gravées Louis Jou :

« Je l'ai acheté sans savoir ce que j'en ferais. J'avais une librairie au 37, avenue Kléber. Valéry, qui vivait rue de Villejust (devenue aujourd'hui rue Valéry), venait une ou deux fois par mois feuilleter et, parfois, acheter des ouvrages. J'eus l'idée de lui montrer les gravures de Louis Jou. Je me souviens qu'il me dit : "C'est amusant ! Comme c'est amusant !" Il comprit que je recherchais sa collaboration et me dit : "J'ai une idée : les vingt-quatre heures de la journée !" Il ne connaît que vingt-quatre lettres à l'alphabet ! Il se proposa d'écrire vingt-quatre poèmes en prose. Lors de ses visites dans ma librairie il me répéta souvent que cela l'amusait et qu'il y travaillait. Je me souviens qu'un jour il me dit : "J'en suis à la lettre F." Le temps a passé. J'avais annoncé la chose dans la publication que je faisais alors, le *Bibliographe de la France*[1]. J'ai eu plusieurs centaines de souscriptions. Un beau jour, en 1931, alors que j'avais reçu de nombreuses réclamations et que je ne savais plus où me

---

1. Il s'agit en fait de *Plaisir de Bibliophile*.

fourrer la tête, me parvint une lettre de Valéry qu'il m'adressait du midi de la France où il était, me disant : "Mon cher Ami, je suis absolument désolé, mais je bute sur le Q [*sic*], je préfère renoncer." Il ne l'a donc pas fait pour moi, et je ne savais pas qu'il l'eût achevé. »

© Le Magazine littéraire.

II. ÉROS

Au-delà de la simple note, le manuscrit transcrit ci-dessous est déjà une ébauche de poème, mais qui ne constitue l'esquisse d'aucune lettre du recueil.

Alphabet

Douleur
erreur

S.T.U.V.
X.Y.Z.

    Laisse que je dispose de ton corps. Ferme les yeux. Oublie tout ce qui n'est pas. (Tel est le point capital). Laisse donc que mes mains disposent de ton corps, le *suivent*, le *préparent* dans ses profondeurs de par le contentement et l'appel de sa surface. Comme si je le formais et le déduisais de place en place de la suite de ses formes. Ainsi je te fais connaître tes propres parties et leurs dépendances.

    Je te lisse, je t'enveloppe, je te presse

    je t'applique une *vie* ici et là

    une douceur te coure [*sic*]

une force te couvre comme une ombre

une caresse qui (contient) l'ombre d'une force et parfois la prononce, et parfois s'allège et te fuit le long de toi si *frôlée* que ta chair se hérisse et se dresse vers la paume chargée de vie, etc. Je fais naître une attente de prodiges.

Je te formerai. Je te fermerai toute comme dans une immense main. Tu es prise dans ce que tu veux et que je fais vouloir – comme tu me fais vouloir ce vouloir.

Maintenant, tu es *faite*. Et je te connais, je te vois comme en transparence. Que de ressources tu te sens que tu ignorais.

Je te transforme. L'Intelligence passe sur toi.

Je prends et je reprends comme indéfiniment les chemins. je ne fais qu'approcher les points les plus sensibles.

Dactylographiée par Valéry, cette page est visiblement une esquisse de ce qui aurait pu compléter, peut-être, le poème de la lettre V.

ALPHABET

La forme. La chair. Étrangeté de cette matière : pleine et souple, dure et tendre, fraîche et tiède.

Il y a une affinité de ceci avec la main, ses forces qui permettent à la fois l'obéissance à la forme et l'acte cognitif de la volonté. Organe du réel.

Cette jambe, ce tour du corps, c'est donc TOI ?, c'est bien Toi ? TU ES.

Que les yeux se ferment. La main enveloppe, et par son large mouvement croit contenir, résumer tout ce torse dont la douceur continue, la résistance et complaisance composées sous la paume et les pulpes des doigts errants lui donnent l'impression de former, de créer, mais de créer et former quelque chose qui veut être formée selon ce qu'elle est... La sensation de posséder cette chose s'élève, mais égale à une autre qui est la sensation d'être du même coup, possédée par elle. Et il en naît un trouble total et comme fort, qui envahit la chair, l'âme et l'esprit, suspend le souffle, précipite les temps, porte les actes à l'extrême.

Tous les sens qui s'exercent à distance s'oublient car il n'y a plus, pour quelques instants, que folie de la suprême proximité.

*Bien que le texte – inédit – qu'on lira ci-dessous appartienne à un autre projet de Valéry, celui d'un abécédaire philosophique, il figure dans le dossier d'*Alphabet *sous le sigle « Alph. Ér. ». S'il mérite d'être ici reproduit, c'est naturellement qu'il consone avec bien des pages du recueil.*

Amour, même quand ta présence, tes secrets, tes vertus, tes venimeuses voix sont au profond de nous et comme les puissances et les désordres de notre être même. *Amour* qui disposes de notre sang, de notre esprit, de notre sort, de nos membres, de nos heures, de notre honneur, de nos songes, de notre faim et de notre soif, qui changes toutes les couleurs de nos jours, altères notre passé, effaces nos devoirs, enflammes nos actes, transformes nos ouvrages, règnes sur nos visages, nous sépares de nos proches, nous fais fuir nos amis, Amour, si semblable tu sois à notre existence, si indivisible tu te sois fait de notre souffle, et feu nouveau de notre cœur, je te le dis, toutefois, que tu ne cesses jamais d'être une chose étrangère, car même mon corps ni mon esprit ne sont moi.

III. PLANS

I. PLANS

A les limbes
B les forces extérieures
C le jour
D le bain
E la toilette. le Miroir.　　　Esclave
F netteté ✓
G Intuitions
H le repas 1. Se nourrir
I
J Somnolence. chaleur. Midi
L Arbre. Amour
M
N Tendresse. le vide
O les 2 mêmes.　Ombre
P
Q A la mer – la mer. le sable. la vague
R Retour – automne
S Repas 2
T Métaphysique. le Moi pur.
U
V
X
Y Le néant. Le temps
Z Hymne à la nuit. Résumé du jour. Dissolution

A Sommeil
B Premier réveil
C Ouverture sur la vue extérieure
D Bain[1]
E Éveil de l'esprit
F Forces de l'esprit
G Tristesse de l'esprit
H ?
I Déjeuner
J Rêverie. Digestion /vide/
L Paresse
M Entrée de l'Autre
N Différence et différend
O Duo muet. Hostilité et passion
P ?
Q Campagne?
R Rentrée. Terreurs et tristesses du soir
S Dîner
T. Érôs
U.
V.
X. Questions
Y.
Z Nuit absolue

---

1. Un autre plan, où Valéry s'est arrêté à la lettre D, est presque identique à celui-ci. La lettre C porte : « second éveil ».

Mai 35

a Sommeil
b Éveil
c le jour } fait
d le bain
e
f
g raisonnement ?
h attention
i déjeuner (fait)
j Lire
l sensation
m
n
o
p
q
r
s } amour ?[1]
t
u
v
x
y
z mystère

---

1. Un autre plan à peine esquissé porte, de N à Q, l'abréviation Er (en lettres grecques) pour Érôs. Le texte reproduit ci-dessus, p. 131, élargit la place de l'amour de S à Z, alors que la note qu'on trouvera ci-après, p. 142, limite à S.T.U.V.

IV. NOTES

I. Écriture

Alphabet

L'heure et le lieu du Corps.
les heures – les saisons – etc. –
Toute une cosmochronie fondamentale
singulière. Besoins – disponibilités
Habitudes (poème des...) [...]

*

Alphabet

| structures | *Voix* |
| de phrases | |

                    Il y a diverses voix et l'une pour exposer et l'autre pour animer – faire imiter – etc. – et à chacune son temps et sa forme[1].

---

1. Note d'un *Cahier* de 1927 (C.XII.360).

*

Alphabet. Faire mon portrait. Yeux et petite [mot illisible]
mais attribuer ce moi à la femme[1]

*

Alphabet (de vie)

Reprendre l'ensemble[2]
Essayer de reconstruire en tenant compte de CEM
P. ex. Paragraphes chacun en 3 groupes ou phases.
CEM. à combiner.   CEM. CME. MCE
                     MEC. ECM. EMC
Les lettres J K L seraient le Temps sous ses formes d'arrêt et de mouvement.

***

II. ÉROS

Poème de l'approche généralisée
               1° d'un corps
               2° d'un seuil[3]

*

Alphabet l'attente dans l'amour.
faire le schéma et substituer[4]

---

1. Note d'un *Cahier* de 1927 (C.XII.389).
2. Note tardive.
3. Ajout manuscrit et porté au crayon sur une dactylographie.
4. Note d'un *Cahier* de 1927 (C.XII.386).

*

Alph. (Er)
Alphabet de la Tendresse
Comme le temps devient doux et humide. Les choses s'amollissent.
Faiblesse – vague – abandon.
Modulation de l'état
État composite – entre désir, regret, espoir. Il n'y a plus de séparation entre
Sentiment de la vie   *cœurs, corps*. Et le cœur
indéfinie   et le corps ne savent plus.
ivresse ou ébriété

*

Ερως [Erôs].
Impossibilité des échanges entiers
Le Tout avec le Tout ne s'échange pas
le Tout ne se livre.
le Tout se conserve – se cache un instant, se ranime
par ce reste insignifiant en apparence.
Quand tu donnes le corps total, Kyria[1], l'arrière pensée est précisément toute contraire
Tu donnes pour comprendre.
Elle ouvre ses bras et acquiert le droit de blesser, de punir, d'enchaîner.
Ceci par la vertu de l'importance que l'usage assigne à l'acte de s'offrir et à celui d'être cueilli(e)[2].

*

---

1. Mot grec : maîtresse, ou Madame.
2. Note d'un *Cahier* de 1928 (C.XIII.28).

Alphabet
S.T.U.V.

Ici, amour devrait être une comparaison, un combat de pouvoirs – et une combinaison aussi. cf. : réactions vives chimiques. Confrontations de « volontés » et de « qualités »

qualités = sexes, sensibilités, apparences, dons etc. [...].

Ceci poussé au point où les personnes nouées n'ont plus de signification, ni de <u>NOMS</u> (d'où, ces petits noms d'êtres nus). Les discours sont indivis. Balbutiements communs.

Système de sensations sans personnes. [...][1]

---

[1]. Note dactylographiée au dos d'une lettre datée de 1938.

Valéry en 1925 dans la librairie de Sylvia Beach.

Anthy, septembre 1926.
Rilke rencontre Valéry dont Vallette sculpte le buste.

Le poète en académicien, 1927.

Valéry et son frère Jules,
doyen de la faculté de droit de Montpellier.

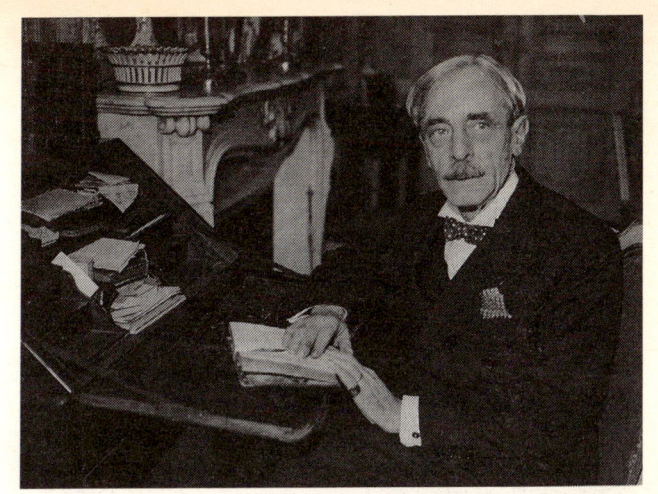

Valéry chez lui vers 1937.

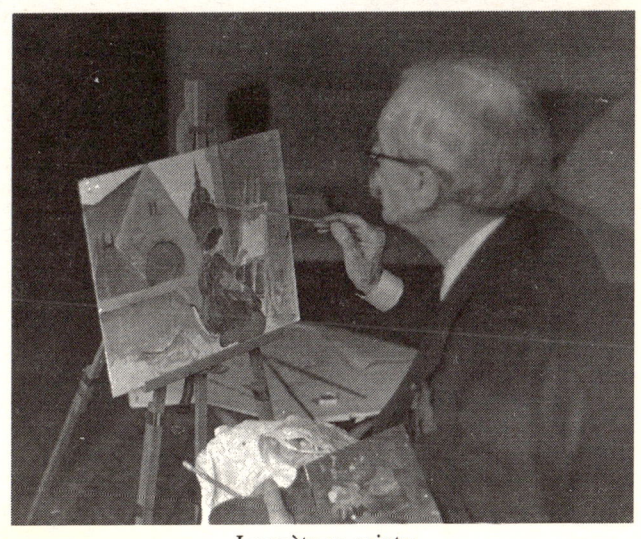

Le poète en peintre.

Dessin de Rudolf Kundera, 1941.

CHRONOLOGIE

1871   Naissance à Sète (alors Cette) le 30 octobre.

1876-1884   Études primaires chez les dominicains, puis au collège de Sète.

1884-1888   Études au lycée de Montpellier. Découverte de Hugo, Gautier, Baudelaire, Verlaine. Valéry dessine, peint, écrit.

1889   Inscription à la Faculté de droit de Montpellier. Lit Flaubert, Mallarmé, Goncourt, Huysmans, et surtout Edgar Poe. Vers la fin de l'année, Valéry aperçoit pour la première fois Mme de Rovira : la passion dévorante qu'il nourrira pour elle, sans oser jamais l'aborder, ne sera pas étrangère à la « Crise de Gênes » de 1892.

1890   Lecture des *Illuminations* de Rimbaud que Valéry ne cessera pas d'admirer. Rencontre de Pierre Louÿs en mai, d'André Gide en décembre : naissance d'une double amitié dont témoignent les correspondances. Le premier essaiera bientôt sans succès de convaincre Valéry de réunir en volume ses poèmes publiés dans diverses revues ; le second y réussira en 1912.

1891   Première visite à Mallarmé auquel admiration et affection profondes ne cesseront de le lier. Son ami Pierre Féline initie Valéry aux mathématiques.

1892 Licencié en droit. Nuit de Gênes (4-5 octobre) : événement majeur de la vie de l'écrivain qui crut devenir fou et souhaita d'être foudroyé par l'orage, mais se sentit aussi devenir autre. C'est à l'issue de cette Crise, intellectuelle et affective, qu'il décide d'écarter toute emprise de l'amour et toute influence d'autrui pour asseoir la domination de son propre esprit. A telles exceptions près, il cesse d'écrire des vers.

1893 Lectures scientifiques : il les poursuivra toute sa vie.

1894 Valéry s'installe à Paris. Commencement de la longue série des *Cahiers* – près de 29 000 pages – qu'il ne cessera pas de tenir aux toutes premières heures du matin, jusqu'à ses derniers jours.

1895 Reçu au concours de rédacteur du ministère de la Guerre : il n'occupera son poste que deux ans plus tard. Publication de l'*Introduction à la méthode de Léonard de Vinci*.

1896 Séjour de trois semaines à Londres où il traduit des articles de propagande pour la Chartered Company de Cecil Rhodes, Compagnie de l'Afrique du Sud qui exploite les richesses de la future Rhodésie. Publication de *La Soirée avec Monsieur Teste*.

1897 Mallarmé lui fait lire les épreuves du *Coup de dés* et lui dit : « Ne trouvez-vous pas que c'est un acte de démence ? »

1898   Mort de Mallarmé : bouleversé, Valéry ne peut prononcer devant sa tombe les paroles attendues de ses amis.

1900   Valéry épouse Jeannie Gobillard, nièce du peintre Berthe Morisot, belle-sœur elle-même d'Édouard Manet qui fut très lié à Mallarmé. Il quitte le ministère de la Guerre pour une situation plus enviable puisque, secrétaire particulier d'Édouard Lebey, l'un des administrateurs de l'Agence Havas, il ne travaille auprès de lui que quelques heures par jour.

1908   Commence un premier classement des *Cahiers* en vue d'une éventuelle publication.

1912   A la demande de Gide et de Gaston Gallimard, Valéry entreprend de revoir ses anciens poèmes pour en constituer un volume. De ce retour aux vers naîtra *La Jeune Parque*, envisagée d'abord comme un ultime poème, et qui ouvre en fait une décennie de maturité poétique.

1914   Première lettre d'André Breton (dix-huit ans) que Valéry, pendant plusieurs années, conseillera et encouragera.

1917   Publication de *La Jeune Parque*.

1919   Gallimard publie *La Soirée avec Monsieur Teste*, et l'*Introduction à la méthode de Léonard de Vinci* suivie de *Note et Digression* : après la récente parution de *La Jeune Parque*, ces divers volumes assurent rapidement la notoriété de l'écrivain.

1920   En juin, la *N.R.F.* publie *Le Cimetière marin* et l'*Album de vers anciens* paraît en décembre. Valéry rencontre Catherine Pozzi.

1921 Publication d'*Eupalinos* et de *L'Ame et la Danse*.

1922 Mort d'Édouard Lebey. Sans revenus réguliers, Valéry doit envisager de monnayer son activité littéraire et de tirer bénéfice d'une gloire désormais établie : il acceptera donc, et souvent à son corps défendant, préfaces, discours et conférences dans l'Europe entière. Publication de *Charmes*.

1924 Publication de *Variété*.

1925 Valéry devient membre de la sous-commission des Lettres et des Arts qui vient d'être créée dans le cadre de la Société des Nations. En novembre, il est élu à l'Académie française.

1926 Dernière rencontre avec Rilke qui mourra en décembre (voir le cahier de photographies, p. 144). Publication de *Rhumbs* et *Fragments du Narcisse*.

1927 Le jour de la réception de Valéry à l'Académie, André Breton, en signe d'intime protestation, vend les lettres qu'il avait reçues de lui.

1928 Rupture avec Catherine Pozzi.

1929 Publication de *Variété II*.

1931 Valéry devient membre du Comité permanent des Arts et Lettres de la Société des Nations : il le présidera de 1936 à 1939. Publication de *Pièces sur l'art*, *Moralités*, et *Regards sur le monde actuel*.

1932 Publication de *L'Idée fixe*.

1933 Valéry devient administrateur du Centre universitaire méditerranéen de Nice.

1936 Publication de *Variété III* et de *Degas, Danse, Dessin*.

1937	Valéry devient titulaire d'une chaire de Poétique que le Collège de France a créée pour lui.
1938	Publication de *Variété IV*.
1939	Publication de *Mélange*.
1941	Directeur de l'Académie, Valéry prononce l'éloge de Bergson qui vient de mourir : discours auquel les circonstances donnent un particulier écho. Le ministre de l'Instruction publique met un terme aux fonctions qu'il occupait depuis 1933 au Centre universitaire méditerranéen de Nice. Publication de *Tel Quel* et d'*Études pour « Mon Faust »* qui deviendra *« Mon Faust »* dans l'édition de 1946.
1942	Publication de *Mauvaises Pensées et autres*.
1943	L'état de santé de Valéry se dégrade. Publication de *Tel Quel II*.
1944	Valéry lit *« Mon Faust »* chez Mme Jean Voilier à qui il est intimement lié depuis 1937. Publication de *Propos me concernant* et de *Variété V*.
1945	Valéry retrouve ses fonctions au Centre universitaire méditerranéen de Nice. Il meurt le 20 juillet. Le général de Gaulle décide des obsèques nationales.

BIBLIOGRAPHIE SUCCINCTE

Œuvres (J. Hytier éd.), Paris, Gallimard, Pléiade, 2 vol., 1957 et 1960.
Cahiers, Paris, éd. du C.N.R.S., 29 vol., 1957-1961.
Cahiers, anthologie de la Pléiade (J. Robinson-Valéry éd.), Paris, Gallimard, 2 vol., 1973-1974.
Cahiers, 1894-1914 (N. Celeyrette éd.), Paris, Gallimard, 7 vol. parus depuis 1987.
Alphabet, Paris, Librairie Auguste Blaizot, 1976.
Alphabet. Introduction et traduction en italien de Maria-Teresa Giaveri, Gruppo Maska, Edizioni Diabasis, 1993 [reprend le texte de l'édition Blaizot].

ÉTUDES CRITIQUES

BASTET Ned : *Valéry à l'extrême*, Paris, L'Harmattan, 1999.

BOURJEA Serge : *Paul Valéry. Le Sujet de l'écriture*, Paris, L'Harmattan, 1997.

CELEYRETTE-PIETRI Nicole (éd.) : « *Au commencement sera le sommeil* – quelques réflexions sur un poème en prose», *Cahiers Paul Valéry* n° 1, *Poétique et Poésie*, Paris, Gallimard, 1975.

CELEYRETTE-PIETRI Nicole (éd.) : *Valéry et le Moi. Des « Cahiers » à l'œuvre*, Paris, Klincksieck, 1979.

JARRETY Michel : *Valéry devant la littérature. Mesure de la limite*, PUF, 1991.

JARRETY Michel : *Paul Valéry*, Hachette, 1992.

KAO Shuhsi, *Lire Valéry*, Paris, Corti, 1985.

LAURENTI Huguette (éd.) : *Lectures de « Charmes »*, Revue des lettres modernes, série Paul Valéry n° 1, Minard, 1974.

LAURENTI Huguette (éd.) : *Recherches sur « La Jeune Parque »*, Revue des lettres modernes, série Paul Valéry n° 2, Minard, 1977.

LAWLER James : *Lecture de Valéry : une étude de « Charmes »*, Paris, PUF, 1963.

LEVAILLANT Jean et PARENT Monique (éd.) : *Paul Valéry contemporain*, Paris, Klincksieck, 1974.

LUSSY Florence de : *La Genèse de « La Jeune Parque »*, Paris, Minard, 1975.

LUSSY Florence de : *« Charmes » d'après les manuscrits de Paul Valéry*, Paris, Minard, 2 vol., 1990 et 1996.

NADAL Octave : « Poèmes en prose », in *A Mesure haute*, Paris, Mercure de France, 1964.

NOULET Émilie (éd.) : *Entretiens sur Paul Valéry*, Paris-La Haye, Mouton, 1968.

OSTER Daniel : *Monsieur Valéry*, Paris, Seuil, 1981.

PICKERING Robert : *Paul Valéry poète en prose. La prose lyrique abstraite des « Cahiers »*, Paris, Minard, 1983.

PICKERING Robert : « "Dessiner un discours perdu" : Parcours dans l'*Alphabet* », in *Littérature moderne*, n° 2 (A. Guyaux et J. Lawler éd.), Paris, Champion-Slatkine, 1991.

ROBINSON Judith : *L'Analyse de l'esprit dans les « Cahiers » de Valéry*, Paris, Corti, 1964.

ROBINSON Judith : « Réflexions sur les poèmes en prose de Valéry », in *Bulletin des études valéryennes* de l'université de Montpellier, n° 23, 1980.

Table des illustrations

Page de couverture du Cahier *ABC*. B.N.F.	6
Aquarelle du Cahier *ABC*. B.N.F.	20
Valéry en 1924. Collection Mme Agathe Rouart-Valéry	40
Aquarelle du Cahier *ABC*. B.N.F.	48
Lettre E du Cahier *ABC*. B.N.F.	58
Lettre H du Cahier *ABC*. B.N.F.	66
Les pages N du Cahier *ABC*. B.N.F.	86-87
Valéry par Valéry. Aquarelle du Cahier *ABC*. B.N.F.	92
Lettrine de Louis Jou. B.N.F.	110
Lettrine de Louis Jou. B.N.F.	114
Valéry en 1925 dans la librairie de Sylvia Beach .	143
Anthy, septembre 1926. Rilke rencontre Valéry dont le sculpteur Vallette sculpte le buste	144
Le poète en académicien, 1927	145
Valéry et son frère Jules, doyen de la faculté de droit de Montpellier	146
Valéry chez lui vers 1937	147
Le poète en peintre	147
Dessin de Rudolf Kundera, 1941	148

N.B. Les documents des pages 143 à 148 proviennent de la collection de Mme Agathe Rouart-Valéry.

Table

Préface 5
Note sur l'établissement du texte 35

ALPHABET

Histoire de cet Alphabet illustré 41
Au commencement sera le Sommeil... 43
Bouleversant les ombres et la couche... 47
Comme le temps est calme... 51
Dans le pur et brillant sarcophage... 55
*En présence de la lumière,
et toutefois hors d'elle...* 57
Fais ce que tu voudras, bel Instant... 61
Gracieux, gai, noble jour... 63
Grâce, Daimôn... Hallali... 65
Hélas! au plus haut lieu de sa puissance... . 67
Il s'élève une odeur de fruits... 69
Je m'interroge au milieu de ma fumée... ... 71
Je fais un pas sur la terrasse... 73
La paresse agrandit les minuscules choses... . 75
Mille fois, j'ai déjà ressenti l'Unique... 79
Me voici, tel que je suis... 81
Madame, mon amie... 83
«Non, vous ne saurez rien... 85

Or il y eut pendant quelque temps...	89
On se tait...	91
Peut-être que les réflexions très amères...	93
Quelle tendre lumière...	95
Revenons...	97
Servez-vous...	101
...Tout à coup...	103
Tu es belle comme une pierre...	105
Une propriété essentielle d'une pensée...	107
Venez...	109
X nom du secret	111
Y a-t-il en moi...	113
Zénith...	115

ANNEXES

I. Histoire du texte	119
II. Éros	131
III. Plans	136
IV. Notes	139
Écriture	139
Éros	141
Chronologie	149
Bibliographie	155
Table des illustrations	157

Composition réalisée par COMPOFAC - PARIS

IMPRIMÉ EN FRANCE PAR BRODARD ET TAUPIN
La Flèche (Sarthe)
LIBRAIRIE GÉNÉRALE FRANÇAISE - 43, quai de Grenelle - 75015 Paris.

ISBN : 2 - 253 - 09639 - 3   30/9639/3